高职高专"十三五"规划教材·基础课系列

SHIGUANSHENG
JUNSHI XUNLIAN
JIAOCAI

士官生军事训练教材

编著　杨明建　瞿维中　沈言锦

编委　张校彬　楚俊莹　谭　震　朱双华　刘海雄　刘镜璇

华中科技大学出版社
http://www.hustp.com
中国·武汉

图书在版编目(CIP)数据

士官生军事训练教材/杨明建,瞿维中,沈言锦编著.—武汉:华中科技大学出版社,2018.4(2023.8重印)
ISBN 978-7-5680-3942-0

Ⅰ.①士… Ⅱ.①杨… ②瞿… ③沈… Ⅲ.①军事训练-中国-教材 Ⅳ.①E251.1

中国版本图书馆 CIP 数据核字(2018)第 058339 号

士官生军事训练教材

Shiguansheng Junshi Xunlian Jiaocai

杨明建　瞿维中　沈言锦　编著

策划编辑：江　畅
责任编辑：徐桂芹
责任监印：朱　玢
出版发行：华中科技大学出版社(中国·武汉)　　电话：(027)81321913
　　　　　武汉市东湖新技术开发区华工科技园　　邮编：430223
录　　排：武汉正风天下文化发展有限公司
印　　刷：武汉市籍缘印刷厂
开　　本：787mm×1092mm　1/16
印　　张：12.5
字　　数：315千字
版　　次：2023年8月第1版第10次印刷
定　　价：40.00元

本书若有印装质量问题,请向出版社营销中心调换
全国免费服务热线：400-6679-118　　竭诚为您服务
版权所有　侵权必究

前言

定向培养直招士官是新形势下为贯彻落实习近平主席提出的部队要走"军民融合发展"之路的重要指示而采取的一种部队依托高职院校进行高素质军事人才培养的有效方式，得到了有关各方的高度认可，是一条多赢发展之路，是贯彻军民融合发展战略、深化兵役制度改革、拓宽士官选拔培养渠道、加强军事人力资源建设的重大举措。

为了服务于国防现代化建设，充分发挥我校（湖南汽车工程职业学院）在培养军地两用人才方面的作用，根据教育部、中央军委政治工作部、中央军委国防动员部、省人民政府征兵办公室、省教育厅的工作部署，2016 年，我校承担了定向培养直招士官的工作。学校以建立和完善军民结合、寓军于民的军队人才培养体系的重要思想为指导，结合专业对口、保障重点、深度融合、密切协作的工作思路，实行准军事化管理，遵循技能型人才培养规律，创新人才培养模式，培养"思想过硬，专业过硬，作风过硬，军事合格"的技术技能型人才。

编 者

2017 年 12 月

目录

第一章　兵役法、武警法和内务、纪律条令 …… (1)
- 第一节　兵役法 …… (1)
- 第二节　武警法 …… (9)
- 第三节　内务条令 …… (12)
- 第四节　纪律条令 …… (20)

第二章　队列 …… (24)
- 第一节　单个军人的队列动作 …… (24)
- 第二节　班的队列动作 …… (37)
- 附录 2-A　队列术语 …… (41)
- 附录 2-B　报告词示例 …… (42)
- 附录 2-C　单个军人队列动作顺口溜 …… (42)
- 附录 2-D　口令的分类、下达口令的基本要领和呼号的节奏 …… (44)

第三章　擒敌术基础动作 …… (46)
- 第一节　擒敌术基本常识 …… (46)
- 第二节　格斗势与步法 …… (53)
- 第三节　攻击动作 …… (55)
- 第四节　防守动作 …… (64)

第四章　自动步枪的操作 …… (72)
- 第一节　性能、构造与保养 …… (72)
- 第二节　射击学理 …… (87)
- 第三节　武器操作 …… (95)
- 第四节　对不动目标射击 …… (100)
- 第五节　夜间对不动目标射击 …… (103)
- 第六节　抵近射击 …… (106)
- 附录 4-A　实弹射击的组织与实施 …… (108)
- 附录 4-B　实弹射击的有关规定和安全规则 …… (110)

第五章　基本战术动作 ⋯⋯⋯⋯⋯⋯⋯⋯⋯⋯⋯⋯⋯⋯⋯⋯⋯⋯⋯⋯⋯⋯⋯⋯⋯⋯⋯⋯ (112)
　　第一节　持枪 ⋯⋯⋯⋯⋯⋯⋯⋯⋯⋯⋯⋯⋯⋯⋯⋯⋯⋯⋯⋯⋯⋯⋯⋯⋯⋯⋯⋯⋯⋯ (112)
　　第二节　卧倒和起立 ⋯⋯⋯⋯⋯⋯⋯⋯⋯⋯⋯⋯⋯⋯⋯⋯⋯⋯⋯⋯⋯⋯⋯⋯⋯⋯ (116)
　　第三节　前进 ⋯⋯⋯⋯⋯⋯⋯⋯⋯⋯⋯⋯⋯⋯⋯⋯⋯⋯⋯⋯⋯⋯⋯⋯⋯⋯⋯⋯⋯⋯ (119)
　　第四节　临危反应基础动作 ⋯⋯⋯⋯⋯⋯⋯⋯⋯⋯⋯⋯⋯⋯⋯⋯⋯⋯⋯⋯⋯⋯ (121)
　　第五节　利用地物 ⋯⋯⋯⋯⋯⋯⋯⋯⋯⋯⋯⋯⋯⋯⋯⋯⋯⋯⋯⋯⋯⋯⋯⋯⋯⋯⋯ (123)

第六章　防护 ⋯⋯⋯⋯⋯⋯⋯⋯⋯⋯⋯⋯⋯⋯⋯⋯⋯⋯⋯⋯⋯⋯⋯⋯⋯⋯⋯⋯⋯⋯⋯⋯ (126)
　　第一节　防护基本常识 ⋯⋯⋯⋯⋯⋯⋯⋯⋯⋯⋯⋯⋯⋯⋯⋯⋯⋯⋯⋯⋯⋯⋯⋯ (126)
　　第二节　个人防护器材的使用 ⋯⋯⋯⋯⋯⋯⋯⋯⋯⋯⋯⋯⋯⋯⋯⋯⋯⋯⋯⋯ (129)
　　第三节　对常规火力袭击的防护 ⋯⋯⋯⋯⋯⋯⋯⋯⋯⋯⋯⋯⋯⋯⋯⋯⋯⋯ (133)
　　第四节　对核武器、化学武器、生物武器袭击的防护 ⋯⋯⋯⋯⋯⋯⋯ (134)

第七章　卫生与救护 ⋯⋯⋯⋯⋯⋯⋯⋯⋯⋯⋯⋯⋯⋯⋯⋯⋯⋯⋯⋯⋯⋯⋯⋯⋯⋯⋯⋯ (139)
　　第一节　个人卫生常识 ⋯⋯⋯⋯⋯⋯⋯⋯⋯⋯⋯⋯⋯⋯⋯⋯⋯⋯⋯⋯⋯⋯⋯⋯ (139)
　　第二节　训练伤的预防 ⋯⋯⋯⋯⋯⋯⋯⋯⋯⋯⋯⋯⋯⋯⋯⋯⋯⋯⋯⋯⋯⋯⋯⋯ (143)
　　第三节　救护 ⋯⋯⋯⋯⋯⋯⋯⋯⋯⋯⋯⋯⋯⋯⋯⋯⋯⋯⋯⋯⋯⋯⋯⋯⋯⋯⋯⋯⋯⋯ (144)

第八章　心理行为 ⋯⋯⋯⋯⋯⋯⋯⋯⋯⋯⋯⋯⋯⋯⋯⋯⋯⋯⋯⋯⋯⋯⋯⋯⋯⋯⋯⋯⋯⋯ (154)
　　第一节　军人心理素质的基本要素 ⋯⋯⋯⋯⋯⋯⋯⋯⋯⋯⋯⋯⋯⋯⋯⋯⋯ (154)
　　第二节　心理行为个体训练 ⋯⋯⋯⋯⋯⋯⋯⋯⋯⋯⋯⋯⋯⋯⋯⋯⋯⋯⋯⋯⋯ (155)
　　第三节　心理行为团体训练 ⋯⋯⋯⋯⋯⋯⋯⋯⋯⋯⋯⋯⋯⋯⋯⋯⋯⋯⋯⋯⋯ (156)

第九章　执勤常识 ⋯⋯⋯⋯⋯⋯⋯⋯⋯⋯⋯⋯⋯⋯⋯⋯⋯⋯⋯⋯⋯⋯⋯⋯⋯⋯⋯⋯⋯⋯ (168)
　　第一节　职责、纪律与要求 ⋯⋯⋯⋯⋯⋯⋯⋯⋯⋯⋯⋯⋯⋯⋯⋯⋯⋯⋯⋯⋯ (168)
　　第二节　哨兵的基本动作 ⋯⋯⋯⋯⋯⋯⋯⋯⋯⋯⋯⋯⋯⋯⋯⋯⋯⋯⋯⋯⋯⋯ (169)
　　第三节　夜间执勤 ⋯⋯⋯⋯⋯⋯⋯⋯⋯⋯⋯⋯⋯⋯⋯⋯⋯⋯⋯⋯⋯⋯⋯⋯⋯⋯⋯ (175)

第十章　体能训练 ⋯⋯⋯⋯⋯⋯⋯⋯⋯⋯⋯⋯⋯⋯⋯⋯⋯⋯⋯⋯⋯⋯⋯⋯⋯⋯⋯⋯⋯⋯ (176)
　　第一节　体能训练常识 ⋯⋯⋯⋯⋯⋯⋯⋯⋯⋯⋯⋯⋯⋯⋯⋯⋯⋯⋯⋯⋯⋯⋯⋯ (176)
　　第二节　体能训练项目 ⋯⋯⋯⋯⋯⋯⋯⋯⋯⋯⋯⋯⋯⋯⋯⋯⋯⋯⋯⋯⋯⋯⋯⋯ (179)

第一章
兵役法、武警法和内务、纪律条令

第一节　兵役法

《中华人民共和国兵役法》(以下简称《兵役法》)的具体内容如下。

一、总则

第一条　根据《中华人民共和国宪法》第五十五条"保卫祖国、抵抗侵略是中华人民共和国每一个公民的神圣职责。依照法律服兵役和参加民兵组织是中华人民共和国公民的光荣义务"和其他有关条款的规定,制定本法。

第二条　中华人民共和国实行义务兵与志愿兵相结合、民兵与预备役相结合的兵役制度。

第三条　中华人民共和国公民,不分民族、种族、职业、家庭出身、宗教信仰和教育程度,都有义务依照本法的规定服兵役。

有严重生理缺陷或者严重残疾不适合服兵役的人,免服兵役。

依照法律被剥夺政治权利的人,不得服兵役。

第四条　中华人民共和国的武装力量,由中国人民解放军、中国人民武装警察部队和民兵组成。

第五条　兵役分为现役和预备役。在中国人民解放军服现役的称现役军人;经过登记,预编到现役部队、编入预备役部队、编入民兵组织服预备役的或者以其他形式服预备役的,称预备役人员。

第六条　现役军人和预备役人员,必须遵守宪法和法律,履行公民的义务,同时享有公民的权利;由于服兵役而产生的权利和义务,由本法和其他相关法律法规规定。

第七条　现役军人必须遵守军队的条令和条例,忠于职守,随时为保卫祖国而战斗。

预备役人员必须按照规定参加军事训练、执行军事勤务,随时准备参军参战,保卫祖国。

第八条　现役军人和预备役人员建立功勋的,得授予勋章、奖章或者荣誉称号。

第九条　中国人民解放军实行军衔制度。

第十条　全国的兵役工作,在国务院、中央军事委员会领导下,由国防部负责。

各军区按照国防部赋予的任务,负责办理本区域的兵役工作。

省军区(卫戍区、警备区)、军分区(警备区)和县、自治县、市、市辖区的人民武装部,兼各该级人民政府的兵役机关,在上级军事机关和同级人民政府领导下,负责办理本区域的兵役工作。

机关、团体、企业事业单位和乡、民族乡、镇的人民政府,依照本法的规定完成兵役工作任务。兵役工作业务,在设有人民武装部的单位,由人民武装部办理;不设人民武装部的单位,确定一个部门办理。

二、平时征集

第十一条　全国每年征集服现役的人数、要求和时间,由国务院和中央军事委员会的命令规定。

县级以上地方各级人民政府组织兵役机关和有关部门组成征集工作机构,负责组织实施征集工作。

第十二条　每年十二月三十一日以前年满十八周岁的男性公民,应当被征集服现役。当年未被征集的,在二十二周岁以前仍可以被征集服现役,普通高等学校毕业生的征集年龄可以放宽至二十四周岁。

根据军队需要,可以按照前款规定征集女性公民服现役。

根据军队需要和本人自愿,可以征集当年十二月三十一日以前年满十七周岁未满十八周岁的公民服现役。

第十三条　国家实行兵役登记制度。每年十二月三十一日以前年满十八周岁的男性公民,都应当在当年六月三十日以前,按照县、自治县、市、市辖区的兵役机关的安排,进行兵役登记。经兵役登记并初步审查合格的,称应征公民。

第十四条　在征集期间,应征公民应当按照县、自治县、市、市辖区的兵役机关的通知,按时到指定的体格检查站进行体格检查。

应征公民符合服现役条件,并经县、自治县、市、市辖区的兵役机关批准的,被征集服现役。

第十五条　在征集期间,应征公民被征集服现役,同时被机关、团体、企业事业单位招收录用或者聘用的,应当优先履行服兵役义务;有关机关、团体、企业事业单位应当服从国防和军队建设的需要,支持兵员征集工作。

第十六条　应征公民是维持家庭生活唯一劳动力的,可以缓征。

第十七条　应征公民正在被依法侦查、起诉、审判的或者被判处徒刑、拘役、管制正在服刑的,不征集。

三、士兵的现役和预备役

第十八条　现役士兵包括义务兵役制士兵和志愿兵役制士兵,义务兵役制士兵称义务兵,志愿兵役制士兵称士官。

第十九条　义务兵服现役的期限为两年。

第二十条　义务兵服现役期满,根据军队需要和本人自愿,经团级以上单位批准,可以改为士官。根据军队需要,可以直接从非军事部门具有专业技能的公民中招收士官。

士官实行分级服现役制度。士官服现役的期限一般不超过三十年,年龄不超过五十五周岁。

士官分级服现役的办法和直接从非军事部门招收士官的办法,由国务院、中央军事委员会规定。

第二十一条　士兵服现役期满,应当退出现役。因军队编制员额缩减需要退出现役的,经军队医院诊断证明本人健康状况不适合继续服现役的,或者因其他特殊原因需要退出现役的,经师级以上机关批准,可以提前退出现役。

士兵退出现役的时间为部队宣布退出现役命令之日。

第二十二条 士兵退出现役时,符合预备役条件的,由部队确定服士兵预备役;经过考核,适合担任军官职务的,服军官预备役。

退出现役的士兵,由部队确定服预备役的,自退出现役之日起四十日内,到安置地的县、自治县、市、市辖区的兵役机关办理预备役登记。

第二十三条 依照本法第十三条规定经过兵役登记的应征公民,未被征集服现役的,办理士兵预备役登记。

第二十四条 士兵预备役的年龄,为十八周岁至三十五周岁,根据需要可以适当延长。具体办法由国务院、中央军事委员会规定。

第二十五条 士兵预备役分为第一类和第二类。

第一类士兵预备役包括下列人员。

（1）预编到现役部队的预备役士兵。

（2）编入预备役部队的预备役士兵。

（3）经过预备役登记编入基干民兵组织的人员。

第二类士兵预备役包括下列人员。

（1）经过预备役登记编入普通民兵组织的人员。

（2）其他经过预备役登记确定服士兵预备役的人员。

预备役士兵达到服预备役最高年龄的,退出预备役。

四、军官的现役和预备役

第二十六条 现役军官由下列人员补充。

（1）选拔优秀士兵和普通高中毕业生入军队院校学习毕业的学员。

（2）选拔普通高等学校毕业的国防生和其他应届优秀毕业生。

（3）直接提升具有普通高等学校本科以上学历表现优秀的士兵。

（4）改任现役军官的文职干部。

（5）招收军队以外的专业技术人员和其他人员。

战时根据需要,可以从士兵、征召的预备役军官和非军事部门的人员中直接任命军官。

第二十七条 预备役军官包括下列人员。

（1）退出现役转入预备役的军官。

（2）确定服军官预备役的退出现役的士兵。

（3）确定服军官预备役的普通高等学校毕业生。

（4）确定服军官预备役的专职人民武装干部和民兵干部。

（5）确定服军官预备役的非军事部门的干部和专业技术人员。

第二十八条 军官服现役和服预备役的最高年龄由《中华人民共和国现役军官法》和《中华人民共和国预备役军官法》规定。

第二十九条 现役军官按照规定服役已满最高年龄的,退出现役;未满最高年龄因特殊情况需要退出现役的,经批准可以退出现役。

军官退出现役时,符合服预备役条件的,转入军官预备役。

第三十条 退出现役转入预备役的军官,退出现役确定服军官预备役的士兵,在到达安置地以后的三十日内,到当地县、自治县、市、市辖区的兵役机关办理预备役军官登记。

选拔担任预备役军官职务的专职人民武装干部、民兵干部、普通高等学校毕业生、非军事部门的人员,由工作单位或者户口所在地的县、自治县、市、市辖区的兵役机关报请上级军事机关批准并进行登记,服军官预备役。

预备役军官按照规定服预备役已满最高年龄的,退出预备役。

五、军队院校从青年学生中招收的学员

第三十一条 根据军队建设的需要,军队院校可以从青年学生中招收学员。招收学员的年龄,不受征集服现役年龄的限制。

第三十二条 学员完成学业考试合格的,由院校发给毕业证书,按照规定任命为现役军官、文职干部或者士官。

第三十三条 学员学完规定的科目,考试不合格的,由院校发给结业证书,回入学前户口所在地;就读期间其父母已办理户口迁移手续的,可以回父母现户口所在地,由县、自治县、市、市辖区的人民政府按照国家有关规定接收安置。

第三十四条 学员因患慢性病或者其他原因不宜在军队院校继续学习,经批准退学的,由院校发给肄业证书,回入学前户口所在地;就读期间其父母已办理户口迁移手续的,可以回父母现户口所在地,由县、自治县、市、市辖区的人民政府按照国家有关规定接收安置。

第三十五条 学员被开除学籍的,回入学前户口所在地;就读期间其父母已办理户口迁移手续的,可以回父母现户口所在地,由县、自治县、市、市辖区的人民政府按照国家有关规定办理。

第三十六条 军队根据国防建设的需要,可以依托普通高等学校招收、选拔培养国防生。国防生在校学习期间享受国防奖学金待遇,应当参加军事训练、政治教育,履行国防生培养协议规定的其他义务;毕业后应当履行培养协议到军队服现役,按照规定办理入伍手续,任命为现役军官或者文职干部。

国防生在校学习期间,按照有关规定不宜继续作为国防生培养,但符合所在学校普通生培养要求的,经军队有关部门批准,可以转为普通生;被开除学籍或者作退学处理的,由所在学校按照国家有关规定办理。

第三十七条 本法第三十二条、第三十三条、第三十四条、第三十五条的规定,也适用于从现役士兵中招收的学员。

六、民兵

第三十八条 民兵是不脱产的群众武装组织,是中国人民解放军的助手和后备力量。

民兵的任务是:

(1)参加社会主义现代化建设;

(2)执行战备勤务,参加防卫作战,抵抗侵略,保卫祖国;

(3)为现役部队补充兵员;

(4)协助维护社会秩序,参加抢险救灾。

第三十九条 乡、民族乡、镇、街道和企业事业单位建立民兵组织。凡十八周岁至三十五周岁符合服兵役条件的男性公民,经所在地人民政府兵役机关确定编入民兵组织的,应当参加民兵组织。

根据需要,可以吸收十八周岁以上的女性公民、三十五周岁以上的男性公民参加民兵组织。

国家发布动员令后,动员范围内的民兵,不得脱离民兵组织;未经所在地的县、自治县、市、市辖区人民政府兵役机关批准,不得离开民兵组织所在地。

第四十条　民兵组织分为基干民兵组织和普通民兵组织。基干民兵组织是民兵组织的骨干力量,主要由退出现役的士兵,以及经过军事训练和选定参加军事训练或者具有专业技术特长的未服过现役的人员组成。基干民兵组织可以在一定区域内从若干单位抽选人员编组。普通民兵组织,由符合服兵役条件未参加基干民兵组织的公民按照地域或者单位编组。

七、预备役人员的军事训练

第四十一条　预备役士兵的军事训练,在现役部队、预备役部队、民兵组织中进行,或者采取其他组织形式进行。

未服过现役预编到现役部队、编入预备役部队和编入基干民兵组织的预备役士兵,在十八周岁至二十四周岁期间,应当参加三十日至四十日的军事训练;其中,专业技术兵的训练时间,按照实际需要确定。服过现役和受过军事训练的预备役士兵的复习训练,以及其他预备役士兵的军事训练,按照中央军事委员会的规定进行。

第四十二条　预备役军官在服预备役期间,应当参加三个月至六个月的军事训练;预编到现役部队和在预备役部队任职的,参加军事训练的时间可以适当延长。

第四十三条　国务院和中央军事委员会在必要的时候,可以决定预备役人员参加应急训练。

第四十四条　预备役人员参加军事训练、执行军事勤务的伙食、交通等补助费用按照国家有关规定执行。预备役人员是机关、团体、企业事业单位工作人员或者职工的,参加军事训练、执行军事勤务期间,其所在单位应当保持其原有的工资、奖金和福利待遇;其他预备役人员参加军事训练、执行军事勤务的误工补贴按照国家有关规定执行。

八、普通高等学校和普通高中学生的军事训练

第四十五条　普通高等学校的学生在就学期间,必须接受基本军事训练。

根据国防建设的需要,对适合担任军官职务的学生,再进行短期集中训练,考核合格的,经军事机关批准,服军官预备役。

第四十六条　普通高等学校设军事训练机构,配备军事教员,组织实施学生的军事训练。第四十五条第二款规定的培养预备役军官的短期集中训练,由军事部门派出现役军官与普通高等学校军事训练机构共同组织实施。

第四十七条　普通高中和中等职业学校,配备军事教员,对学生实施军事训练。

第四十八条　普通高等学校和普通高中学生的军事训练,由教育部、国防部负责。教育部门和军事部门设学生军事训练的工作机构或者配备专人,承办学生军事训练工作。

九、战时兵员动员

第四十九条　为了对付敌人的突然袭击,抵抗侵略,各级人民政府、各级军事机关,在平时必须做好战时兵员动员的准备工作。

第五十条　在国家发布动员令以后,各级人民政府、各级军事机关,必须迅速实施动员。

（1）现役军人停止退出现役，休假、探亲的军人必须立即归队。

（2）预备役人员、国防生随时准备应召服现役，在接到通知后，必须准时到指定的地点报到。

（3）机关、团体、企业事业单位和乡、民族乡、镇的人民政府负责人，必须组织本单位被征召的预备役人员，按照规定的时间、地点报到。

（4）交通运输部门应当优先运送应召的预备役人员、国防生和返回部队的现役军人。

第五十一条　战时根据需要，国务院和中央军事委员会可以决定征召三十六周岁至四十五周岁的男性公民服现役，可以决定延长公民服现役的期限。

第五十二条　战争结束后，需要复员的现役军人，根据国务院和中央军事委员会的复员命令，分期分批地退出现役，由各级人民政府妥善安置。

十、现役军人的待遇和退出现役的安置

第五十三条　国家保障现役军人享有与其履行职责相适应的待遇。现役军人的待遇应当与国民经济发展相协调，与社会进步相适应。

军官实行职务军衔等级工资制，士官实行军衔级别工资制，义务兵享受供给制生活待遇。现役军人享受规定的津贴、补贴和奖励工资。国家建立军人工资的正常增长机制。

现役军人享受规定的休假、疗养、医疗、住房等福利待遇。国家根据经济社会发展水平提高现役军人的福利待遇。

国家实行军人保险制度，与社会保险制度相衔接。军人服现役期间，享受规定的军人保险待遇。军人退出现役后，按照国家有关规定接续养老、医疗、失业等社会保险关系，享受相应的社会保险待遇。现役军人配偶随军未就业期间，按照国家有关规定享受相应的保障待遇。

第五十四条　国家建立健全以扶持就业为主，自主就业、安排工作、退休、供养以及继续完成学业等多种方式相结合的士兵退出现役安置制度。

第五十五条　现役军人入伍前已被普通高等学校录取或者是正在普通高等学校就学的学生，服役期间保留入学资格或者学籍，退出现役后两年内允许入学或者复学，并按照国家有关规定享受奖学金、助学金和减免学费等优待；入学或者复学后参加国防生选拔、参加国家组织的农村基层服务项目人选选拔，以及毕业后参加军官人选选拔的，优先录取。

义务兵和服现役不满十二年的士官入伍前是机关、团体、企业事业单位工作人员或者职工的，服役期间保留人事关系或者劳动关系；退出现役后可以选择复职复工。

义务兵和士官服现役期间，入伍前依法取得的农村土地承包经营权，应当保留。

第五十六条　现役军人，残疾军人，退出现役军人，烈士、因公牺牲、病故军人遗属，现役军人家属，应当受到社会的尊重，受到国家和社会的优待。军官、士官的家属随军、就业、工作调动以及子女教育，享受国家和社会的优待。

第五十七条　现役军人因战、因公、因病致残的，按照国家规定评定残疾等级，发给残疾军人证，享受国家规定的待遇和残疾抚恤金。因工作需要继续服现役的残疾军人，由所在部队按照规定发给残疾抚恤金。

现役军人因战、因公、因病致残的，按照国家规定的评定残疾等级采取安排工作、供养、退休等方式妥善安置。有劳动能力的退出现役的残疾军人，优先享受国家规定的残疾人就业优惠政策。

残疾军人、患慢性病的军人退出现役后,由安置地的县级以上地方人民政府按照国务院、中央军事委员会的有关规定负责接收安置;其中,患过慢性病旧病复发需要治疗的,由当地医疗机构负责给予治疗,所需医疗和生活费用,本人经济困难的,按照国家规定给予补助。

现役军人、残疾军人参观游览公园、博物馆、展览馆、名胜古迹享受优待;优先购票乘坐境内运行的火车、轮船、长途汽车以及民航班机;其中,残疾军人按照规定享受减收正常票价的优待,免费乘坐市内公共汽车、电车和轨道交通工具。义务兵从部队发出的平信,免费邮递。

第五十八条 义务兵服现役期间,其家庭由当地人民政府给予优待,优待标准不低于当地平均生活水平,具体办法由省、自治区、直辖市人民政府规定。

第五十九条 现役军人牺牲、病故,由国家发给其遗属一次性抚恤金;其遗属无固定收入,不能维持生活,或者符合国家规定的其他条件的,由国家另行发给定期抚恤金。

第六十条 义务兵退出现役,按照国家规定发给退役金,由安置地的县级以上地方人民政府接收,根据当地的实际情况,可以发给经济补助。

义务兵退出现役,安置地的县级以上地方人民政府应当组织其免费参加职业教育、技能培训,经考试考核合格的,发给相应的学历证书、职业资格证书并推荐就业。退出现役义务兵就业享受国家扶持优惠政策。

义务兵退出现役,可以免试进入中等职业学校学习;报考普通高等学校以及接受成人教育的,享受加分以及其他优惠政策;在国家规定的年限内考入普通高等学校或者进入中等职业学校学习的,享受国家发给的助学金。

义务兵退出现役,报考公务员、应聘事业单位职位的,在军队服现役经历视为基层工作经历,同等条件下应当优先录用或者聘用。

服现役期间平时荣获二等功以上奖励或者战时荣获三等功以上奖励,以及属于烈士子女和因战致残被评定为五级至八级残疾等级的义务兵退出现役,由安置地的县级以上地方人民政府安排工作;待安排工作期间由当地人民政府按照国家有关规定发给生活补助费;本人自愿选择自主就业的,依照本条第一款至第四款的规定办理。

国家根据经济社会发展水平,适时调整退役金的标准。退出现役士兵安置所需经费,由中央和地方各级人民政府共同负担。

第六十一条 士官退出现役,服现役不满十二年的,依照本法第六十条规定的办法安置。

士官退出现役,服现役满十二年的,由安置地的县级以上地方人民政府安排工作;待安排工作期间由当地人民政府按照国家有关规定发给生活补助费;本人自愿选择自主就业的,依照本法第六十条第一款至第四款的规定办理。

士官服现役满三十年或者年满五十五周岁的,作退休安置。

士官在服现役期间因战、因公、因病致残丧失工作能力的,按照国家有关规定安置。

第六十二条 士兵退出现役安置的具体办法由国务院、中央军事委员会规定。

第六十三条 军官退出现役,国家采取转业、复员、退休等办法予以妥善安置。作转业安置的,按照有关规定实行计划分配和自主择业相结合的方式安置;作复员安置的,按照有关规定由安置地人民政府接收安置,享受有关就业优惠政策;符合退休条件的,退出现役后按照有关规定作退休安置。

军官在服现役期间因战、因公、因病致残丧失工作能力的,按照国家有关规定安置。

第六十四条 机关、团体、企业事业单位有接收安置退出现役军人的义务,在招收录用工作人员或者聘用职工时,同等条件下应当优先招收录用退出现役军人;对依照本法第六十条、第六十一条、第六十三条规定安排工作的退出现役军人,应当按照国家安置任务和要求做好落实工作。

军人服现役年限计算为工龄,退出现役后与所在单位工作年限累计计算。

国家鼓励和支持机关、团体、企业事业单位接收安置退出现役军人。接收安置单位按照国家规定享受税收优惠等政策。

第六十五条　民兵、预备役人员因参战、参加军事训练、执行军事勤务牺牲、致残的,学生因参加军事训练牺牲、致残的,由当地人民政府依照军人抚恤优待条例的有关规定给予抚恤优待。

十一、法律责任

第六十六条　有服兵役义务的公民有下列行为之一的,由县级人民政府责令限期改正;逾期不改的,由县级人民政府强制其履行兵役义务,并可以处以罚款。

(1) 拒绝、逃避兵役登记和体格检查的。
(2) 应征公民拒绝、逃避征集的。
(3) 预备役人员拒绝、逃避参加军事训练、执行军事勤务和征召的。

有前款第二项行为,拒不改正的,不得录用为公务员或者参照公务员法管理的工作人员,两年内不得出国(境)或者升学。

国防生违反培养协议规定,不履行相应义务的,依法承担违约责任,根据情节,由所在学校作退学等处理;毕业后拒绝服现役的,依法承担违约责任,并依照本条第二款的规定处理。

战时有本条第一款第二项、第三项或者第三款行为,构成犯罪的,依法追究刑事责任。

第六十七条　现役军人以逃避服兵役为目的,拒绝履行职责或者逃离部队的,按照中央军事委员会的规定给予处分;构成犯罪的,依法追究刑事责任。

现役军人有前款行为被军队除名、开除军籍或者被依法追究刑事责任的,不得录用为公务员或者参照公务员法管理的工作人员,两年内不得出国(境)或者升学。

明知是逃离部队的军人而雇用的,由县级人民政府责令改正,并处以罚款;构成犯罪的,依法追究刑事责任。

第六十八条　机关、团体、企业事业单位拒绝完成本法规定的兵役工作任务的,阻挠公民履行兵役义务的,拒绝接收、安置退出现役军人的,或者有其他妨害兵役工作行为的,由县级以上地方人民政府责令改正,并可以处以罚款;对单位负有责任的领导人员、直接负责的主管人员和其他直接责任人员,依法予以处罚。

第六十九条　扰乱兵役工作秩序,或者阻碍兵役工作人员依法执行职务的,依照治安管理处罚法的规定给予处罚;使用暴力、威胁方法,构成犯罪的,依法追究刑事责任。

第七十条　国家工作人员和军人在兵役工作中,有下列行为之一,构成犯罪的,依法追究刑事责任;尚不构成犯罪的,给予处分。

(1) 收受贿赂的。
(2) 滥用职权或者玩忽职守的。
(3) 徇私舞弊,接送不合格兵员的。

第七十一条　县级以上地方人民政府对违反本法的单位和个人的处罚,由县级以上地方人民政府兵役机关会同行政监察、公安、民政、卫生、教育、人力资源和社会保障等部门具体办理。

十二、附则

第七十二条 本法适用于中国人民武装警察部队。

第七十三条 中国人民解放军根据需要配备文职干部。本法有关军官的规定适用于文职干部。

第七十四条 本法自 1984 年 10 月 1 日起施行。

第二节 武警法

《中华人民共和国人民武装警察法》(以下简称《武警法》),是为了规范和保障人民武装警察部队依法履行职责,维护国家安全和社会稳定,保护公民、法人和其他组织的合法权益而制定的法律文件。广大官兵应当认真学习,自觉遵守。

《武警法》于 2009 年 8 月 27 日经第十一届全国人民代表大会常务委员会第十次会议审议通过,由中华人民共和国第 17 号主席令公布施行。《武警法》对建立和完善武警部队法律体系具有十分重要的意义,为武警部队履行职责提供了法律保障。

一、任务和职责

任务和职责,规定了武警部队执行安全保卫任务时的职责范围、权限、可采取的措施,以及相关的法律依据。

(一) 任务

《武警法》第二条规定,人民武装警察部队担负国家赋予的安全保卫任务,以及防卫作战、抢险救灾、参加国家经济建设等任务。《武警法》第七条采用列举的方式对人民武装警察部队应执行的安全保卫任务做出了规定。

(1) 国家规定的警卫对象、目标和重大活动的武装警卫。

(2) 关系国计民生的重要公共设施、企业、仓库、水源地、水利工程、电力设施、通信枢纽的重要部位的武装守卫。

(3) 主要交通干线重要位置的桥梁、隧道的武装守护。

(4) 监狱和看守所的外围武装警戒。

(5) 直辖市,省、自治区人民政府所在地的市,以及其他重要城市的重点区域、特殊时期的武装巡逻。

(6) 协助公安机关、国家安全机关、司法行政机关、检察机关、审判机关依法执行逮捕、追捕、押解、押运任务,协助其他有关机关执行重要的押运任务。

(7) 参加处置暴乱、骚乱、严重暴力犯罪事件、恐怖袭击事件和其他社会安全事件。

(8) 国家赋予的其他安全保卫任务。

(二) 职责

人民武装警察部队的职责,主要是指《武警法》对武警部队规定的十项职权。为了使武警部队依法有效地执行安全保卫任务,《武警法》第二章对人民武装警察的十项职权做了明确、具体的规定。

(1) 警戒目标验证权。《武警法》第十条第一款规定,对进出警戒区域的人员、物品、交通工具进行检查,对按照规定不允许进出的,予以阻止;对强行进出的,采取必要的措施予以制止。

(2) 武装巡逻查验权。《武警法》第十条第二款规定,在武装巡逻中,经现场指挥员同意,对有违法犯罪嫌疑的人员当场进行盘问并查验其证件,对可疑物品和交通工具进行检查。

(3) 交通(现场)管制权。《武警法》第十条第三款规定,协助执行道路交通管制或者现场管制。

(4) 驱散权。《武警法》第十条第四款规定,对聚众危害社会秩序或者执勤目标安全的,采取必要的措施予以制止、驱散。

(5) 侦察权。《武警法》第十条第五款规定,根据执行任务的需要,向相关单位和人员了解有关情况或者在现场实施必要的侦察。

(6) 控制权。《武警法》第十一条规定,人民武装警察执行安全保卫任务,发现有下列情形的人员,经现场指挥员同意,应当及时予以控制并移交公安机关、国家安全机关或者其他有管辖权的机关处理:①正在实施犯罪的;②通缉在案的;③违法携带危及公共安全的物品的;④正在实施危害执勤目标安全行为的。

(7) 优先乘坐与优先通行权。《武警法》第十二条规定,人民武装警察因执行安全保卫任务的紧急需要,经出示人民武装警察证件,可以优先乘坐公共交通工具;遇交通阻碍时,优先通行。

(8) 紧急征用权。《武警法》第十三条规定,人民武装警察部队因执行安全保卫任务的需要,在特别紧急的情况下,经现场最高指挥员出示人民武装警察证件,可以临时使用有关单位或者个人的设备、设施、场地、交通工具以及其他物资,使用后应当及时返还,并支付适当费用;造成损失的,按照国家有关规定给予补偿。

(9) 协助搜查权。《武警法》第十四条规定,人民武装警察部队协助公安机关、国家安全机关执行逮捕、追捕任务,根据所协助机关的决定,协助搜查犯罪嫌疑人、被告人、罪犯的人身和住所,以及涉嫌藏匿犯罪嫌疑人、被告人、罪犯或者违法物品的场所、交通工具等。

(10) 使用警械武器权。《武警法》第十五条规定,人民武装警察执行安全保卫任务使用警械和武器,依照人民警察使用警械和武器的有关法律、行政法规的规定执行。

二、义务和权利

(一) 义务

人民武装警察的义务是指根据国家制定的法律规范产生的,并以国家强制力保障其履行的,人民武装警察必须做出或禁止做出的行为。根据《武警法》第三章第十七条至第二十一条的规定,人民武装警察执行任务时必须依法履行以下义务。

(1) 服从命令,听从指挥。《武警法》第十七条规定,人民武装警察执行任务,应当服从命令、听从指挥,不得滥用职权、玩忽职守。

(2) 见危救助。《武警法》第十八条规定,人民武装警察遇到公民人身、财产安全受到侵犯或者处于其他危难情形,应当及时救助。

(3) 遵纪守法。《武警法》第十九条规定,人民武装警察不得有下列行为:① 非法剥夺、限制他人的人身自由,非法搜查他人的身体、物品、交通工具、住所、场所;② 包庇、纵容违法犯罪活动;③ 泄露国家秘密、军事秘密;④ 其他违法违纪行为。

(4) 按规定着装并出示证件。《武警法》第二十条规定,人民武装警察执行任务,应当按照规定着装,持有人民武装警察证件。

(5) 文明礼貌,遵守公德,尊重公民的宗教信仰和风俗习惯。《武警法》第二十一条规定,人民武装警察应当举止文明,礼貌待人,遵守社会公德,尊重公民的宗教信仰和风俗习惯。

(二) 权利

人民武装警察的权利是指国家通过法律规定的人民武装警察所享有的权益。人民武装警察的权利包括两部分:一是人民武装警察作为社会成员时所享有的公民权利(也称为一般权利);二是人民武装警察基于特殊身份所享有的不同于一般公民的权利(也称为人民武装警察的特殊权利)。一般权利和特殊权利共同构成了人民武装警察的权利体系。

《武警法》第二十二条规定,人民武装警察享有《中华人民共和国国防法》(以下简称《国防法》)和有关法律、行政法规规定的现役军人的权益。人民武装警察因执行任务伤亡的,按照国家有关军人抚恤优待的规定给予抚恤优待。根据《国防法》《武警法》和国家有关法律、行政法规的规定,"现役军人的权益"主要包括以下四个方面。

(1) 现役军人应当受到全社会的尊重。国家和社会应当尊重、优待军人,保护军人的合法权益,开展各种形式的拥军优属活动。《国防法》第五十九条规定,军人应当受到全社会的尊重。国家采取有效措施保护现役军人的荣誉、人格尊严,对现役军人的婚姻实行特别保护。

(2) 现役军人依法履行职责的行为受法律保护。《武警法》第四条第二款规定,人民武装警察部队依法履行职责的行为受法律保护。公民、法人或者其他组织妨碍人民武装警察依法执行任务,有违反治安管理行为的,由公安机关依法给予治安管理处罚;构成犯罪的,依法追究刑事责任。

(3) 授予军人荣誉。《国防法》规定,国家采取有效措施保护现役军人的荣誉。《兵役法》规定,现役军人和预备役人员建立功勋的,得授予勋章、奖章或者荣誉称号。《武警法》第五条规定,对在执行任务中做出突出贡献的人民武装警察,以及协助人民武装警察执行任务有突出贡献的公民、法人和其他组织,依照有关法律、法规的规定给予表彰和奖励。

(4) 社会经济优待。

① 生活优待。国家对军人的工资、福利、住房、医疗、通信等实行优待。根据《国防法》和相关法律法规的规定,军人在交通、教育、参观、游览等方面也享受优待。

② 婚姻受特别保护。保护军婚是我国法律的一项重要制度。对军人婚姻实行特别保护,对于鼓励军人献身国防事业,提高部队的战斗力起着积极的作用。

③ 军人保险。军人保险制度是国家通过立法设立专项基金,在军人遇到死亡、伤残、年老、退役等情况时,给予一定经济补偿的社会保障制度。

④ 残疾军人优抚。《国防法》规定,国家抚恤优待残疾军人,对残疾军人的生活和医疗依法给予特别保障。因战、因公致残或致病的残疾军人退出现役后,由国家负责安置,并保障其生活水平不低于当地的平均生活水平。

⑤ 退役安置。军人退役安置制度,是指国家根据国防建设的需要和军人的特点,批准军人退出现役并保障其一定工作和生活待遇的制度。国家根据地方改革的实际情况和军人的特点,对退役军人进行转业安置、退休安置和其他安置。

⑥ 军人家属享受优待。《国防法》规定，国家和社会优待现役军人的家属，抚恤优待烈士家属和因公牺牲、病故军人的家属，在就业、住房、义务教育等方面给予照顾。

三、法律责任

人民武装警察执行任务的法律责任，是指人民武装警察在执行国家赋予的安全保卫任务，以及防卫作战、抢险救灾、参加国家经济建设等任务时，实施违反《武警法》规定的行为应当承担的法律责任。

《武警法》第三十四条规定，人民武装警察在执行任务的过程中，不履行职责或者违抗上级决定、命令的，违反规定使用警械、武器的，或者有本法第十九条所列行为之一的，按照中央军事委员会的有关规定给予纪律处分；构成犯罪的，依法追究刑事责任。

人民武装警察在执行任务时违反《武警法》和其他法律法规、军事法规的法律责任主要表现在以下几个方面。

（1）不履行职责或者违抗上级决定、命令的法律责任。对于人民武装警察在执行任务的过程中不履行职责或者违抗上级决定、命令，尚不构成犯罪的，应依据《中国人民解放军纪律条令》（以下简称《纪律条令》）的相关规定进行处理；情节严重，构成犯罪的，应依据《中华人民共和国刑法》（以下简称《刑法》）的相关条款进行处罚。

（2）违反规定使用警械、武器的法律责任。违法使用警械、武器，尚不构成犯罪的，应依据《中华人民共和国人民警察使用警械和武器条例》的规定，依法给予行政处分；造成人员伤亡、财产损失，构成犯罪的，应依据《刑法》的相关条款进行处罚；造成人员伤亡或者财产损失的，由该人民武装警察所属机关依照《中华人民共和国国家赔偿法》的有关规定给予赔偿。

（3）非法剥夺、限制他人的人身自由，非法搜查他人的身体、物品、交通工具、住所、场所的法律责任。对于人民武装警察在执行任务的过程中有非法剥夺、限制他人的人身自由，非法搜查他人的身体、物品、交通工具、住所、场所行为的，应根据情况，依据《纪律条令》和《刑法》的有关规定追究其法律责任。

（4）包庇、纵容违法犯罪活动的法律责任。人民武装警察在执行任务的过程中包庇、纵容违法犯罪活动，情节较轻，尚不构成犯罪的，应依据《纪律条令》的相关规定进行处理；构成犯罪的，应依据《刑法》的相关规定进行处罚。

（5）泄露国家秘密、军事秘密的法律责任。对于人民武装警察在执行任务的过程中泄露国家秘密、军事秘密的行为，应根据情节、后果，依据《纪律条令》和《刑法》追究其法律责任。

（6）其他违法违纪行为的法律责任。

第三节　内务条令

《中国人民解放军内务条令》（以下简称《内务条令》）是中国人民解放军内务建设的基本依据。《纪律条令》是中国人民解放军维护纪律、实施奖惩的基本依据。《内务条令》和《纪律条令》适用于中国人民解放军现役军人和单位，以及参战、支前的预备役人员。

一、我军的性质、宗旨、任务

（一）我军的性质

中国人民解放军是中国共产党缔造和领导的,用马克思列宁主义、毛泽东思想和包括邓小平理论、"三个代表"重要思想、科学发展观等重大战略思想在内的中国特色社会主义理论体系武装的人民军队,是中华人民共和国的武装力量,是人民民主专政的坚强柱石。

（二）我军的宗旨

紧紧地和人民站在一起,全心全意地为人民服务,是我军的宗旨。

（三）我军的任务

我军的任务是,巩固国防,抵抗侵略,保卫祖国,保卫人民的和平劳动,参加国家建设事业。

二、军人宣誓和士兵职责

（一）军人宣誓

军人宣誓,是军人对自己肩负的神圣职责和光荣使命的承诺和保证。公民入伍后,必须进行军人宣誓。

军人誓词如下。

我是中国人民解放军军人,我宣誓：

服从中国共产党的领导,全心全意为人民服务,服从命令,严守纪律,英勇顽强,不怕牺牲,苦练杀敌本领,时刻准备战斗,绝不叛离军队,誓死保卫祖国。

（二）士兵职责

(1) 服从命令,听从指挥,英勇顽强,坚决完成任务。

(2) 刻苦训练,熟练掌握并爱护武器装备。

(3) 努力学习政治,不断提高思想觉悟。

(4) 严守纪律,服从管理,尊重领导,团结同志,爱护集体荣誉。

(5) 艰苦奋斗,厉行节约,爱护公物。

(6) 积极学习科学文化,提高文化素质。

(7) 积极参加体育训练,锻炼身体,增强体质。

(8) 遵守安全规定,保守军事秘密。

三、内部关系

（一）军人相互关系

(1) 中国人民解放军军人,不论职位高低,在政治上一律平等,相互间是同志关系。

(2) 军官、士兵依行政职务和军衔,构成首长与部属、上级与下级或者同级的关系。在行政职务上构成隶属关系时,行政职务高的是首长又是上级,行政职务低的是部属又是下级,部属的上一级首长是直接首长。

在行政职务上未构成隶属关系时,行政职务高的是上级,行政职务低的是下级,行政职务相当的是同级；在相互不知道行政职务时,军衔高的是上级,军衔低的是下级,军衔相同的是同级。

文职干部与军官、士兵之间,文职干部之间,依隶属关系和行政职务,构成首长与部属、上级与下级或者同级的关系。

部属、下级必须服从首长、上级。

(3) 首长有权对部属下达命令。命令通常按级下达,情况紧急时,也可以越级下达。越级下达命令时,下达命令的首长,应当将所下达的命令通知受令者的直接首长。

命令下达后,应当及时检查部属的执行情况;如果情况发生变化,应当及时下达补充命令或者新的命令。

(4) 部属对命令必须坚决执行,并将执行情况及时报告首长。如果认为命令有不符合实际情况之处,可以提出建议,但在首长未改变命令时,仍须坚决执行。执行中如果情况发生急剧变化,原命令确实无法继续执行而又来不及或者无法请示报告时,应当根据首长总的意图,以高度负责的精神,积极主动地机断行事,坚决完成任务,事后迅速向首长报告。

部属接到越级下达的命令,必须坚决执行。在执行的同时,应当向直接首长报告;因故不能及时报告的,应当在情况允许时迅速补报。

(5) 不同建制的军人共同执行任务时,应当服从上级指定的负责人的领导和指挥。

军人在战斗中与上级失去联系时,应当积极设法恢复联系。一时无法恢复时,应当主动接受友邻部(分)队首长的指挥。如果与友邻也联系不上,应当主动组织起来,由行政职务高的负责指挥;一时难以区别行政职务高低时,由非专业技术军衔高的负责指挥。

(6) 军人临时离开原建制到其他单位工作时,应当接受所到单位首长的领导和管理。

(二) 官兵关系

官兵关系是军队内部关系的基础。中国人民解放军军官、文职干部和士兵,必须按照官兵一致的原则,互相尊重,互相爱护,互相帮助,努力构建团结、友爱、和谐、纯洁的内部关系,同心协力地完成任务。

士兵对军官和文职干部应当做到以下几点。

(1) 尊重军官和文职干部,服从领导和管理。

(2) 忠诚老实,主动汇报思想。

(3) 虚心接受批评,坚决改正错误。

(4) 不当面顶撞,不背后议论,不搞极端民主化。

(5) 照顾军官和文职干部,不搞绝对平均主义。

(6) 积极建言献策,主动协助军官和文职干部做好各项工作。

四、礼节

(一) 军队内部的礼节

(1) 军人必须有礼节,体现军人的文明素养,促进军队内部的团结友爱和互相尊重。

(2) 军人敬礼分为举手礼、注目礼和举枪礼。着军服戴军帽或者不戴军帽,通常行举手礼。携带武器装备不便行举手礼时,可以行注目礼。举枪礼仅限于执行阅兵和仪仗任务时使用。

(3) 军人之间通常称职务,或者姓加职务,或者职务加同志。首长和上级对部属和下级以及同级间的称呼,可以称姓名或者姓名加同志;下级对上级,可以称首长或者首长加同志。在公共场所和不知道对方职务时,可以称军衔加同志或者同志。

军人听到首长和上级呼唤自己时,应当立即答"到"。回答首长问话时,应当自行立正。领受首长口述命令、指示后,应当回答"是"。

(4) 军人在下列时机和场合的礼节:

① 每日第一次遇见首长或者上级时,应当敬礼,首长、上级应当还礼;

② 军人进见首长时,在进入首长室内前,应当喊"报告"或者敲门,得到允许后方可以进入并向首长敬礼;进入同级或者其他人员室内前,应当敲门,经允许后方可以进入;

③ 同级因事接触时通常互相敬礼;

④ 在室内,首长或者上级来到时,应当自行起立;

⑤ 营门卫兵对出入营门的分队、首长和上级应当敬礼,分队带队指挥员、首长和上级应当还礼;

⑥ 卫兵交接班时,应当互相敬礼;

⑦ 军人受上级首长接见时,应当向首长敬礼,问候"首长好";

⑧ 上级首长到下级单位检查工作离开时,送行人员应当敬礼。

(5) 军人不敬礼的时机和场合:

① 在实验室、机房、厨房、病房、诊室等处工作时;

② 正在操作武器装备和位于射击、驾驶位置时;

③ 进行文体活动和体力劳动时;

④ 乘坐公共交通工具时;

⑤ 在浴室、理发室、餐厅、商店时;

⑥ 着便服时;

⑦ 其他不便于敬礼的时机和场合。

(二) 其他时机和场合的礼节

(1) 升国旗时,在场的全体军人应当面向国旗立正,着军服的行举手礼,着便服的行注目礼。奏唱国歌时,应当自行立正;着军服参加外事活动,听到奏国歌时行举手礼。

(2) 授予军旗、迎送军旗和阅兵时的礼节,按照《中国人民解放军队列条令》的规定执行。

(3) 军人和部(分)队参加涉外活动,或者出国执行任务时,应当坚持礼仪对等原则,遵循相关国际惯例和有关外事礼节的规定。

(4) 舰(船)艇上的礼节和有关仪式,按照有关条令、条例的规定执行。

五、军人着装

(一) 着装的基本要求

(1) 军人应当按照规定配套穿着军服、佩带标志服饰,做到着装整洁庄重、军容严整、规范统一。

军人退出现役后,参加国家和军队组织的重大纪念、庆典活动,通常着便服,也可以按照活动组织单位的要求,统一着退役时的军服,佩带国家和军队统一颁发的徽章。

(2) 季节换装的时间和着装要求,通常由警备工作领导机构统一规定;驻地无警备工作领导机构的,由师(旅)以上单位首长确定。

(3) 军服以及标志服饰不得变卖,不得仿制,不得擅自拆改或者借(送)给非军人。军人退出现役时,应当将标志服饰上交。

(二)常服

(1)军人在日常工作、学习、集体生活时通常着常服。

(2)春秋常服,通常在春季、秋季穿着;夏季在不便着礼服的重要场合,冬季驻南方地区的部队,可以根据实际情况统一穿着。海军军人着春秋常服时,由师以上单位确定统一着白色或者藏青色春秋常服。

(3)夏常服,通常在夏季穿着;春季、秋季驻南方地区的部队,可以根据实际情况统一穿着。海军军人通常着全白色夏常服,也可以由师以上单位确定统一着上白下藏青夏常服。

着夏常服时,通常戴贝雷帽,卫兵执勤、大型集会、军以上单位工作组下部队时可以戴大檐帽(卷檐帽),不系领带,不扣领扣,下摆扎于裤(裙)内;着长袖夏常服时,应当扣好上衣袖口、袖衩纽扣。戴贝雷帽脱帽后不便放置时,可以置于左肩袢下。

(4)冬常服,通常在冬季穿着;春季、秋季驻寒区的部队,可以根据实际情况统一穿着。

着冬常服或者制式毛衣(绒衣)时,可以统一外穿常服大衣或者作训大衣。

着冬常服、常服大衣时,通常戴常服大檐帽(卷檐帽),根据实际需要可以由团以上单位确定戴冬帽。

穿军官常服大衣时,可以围制式围巾。围巾置于大衣领内,竖向对折,折口朝下围于脖领处,围巾上沿高于大衣领不得超过3厘米;围巾折口在衣领前交叉,男军官的左压右,女军官的右压左。

冬季在室内非集体活动时可以外着制式毛衣(男军人内着制式衬衣,不系领带,不扣领扣)、绒衣。

(5)着常服参加执勤、操课、检(校)阅或者携带武器、战斗装具时,通常扎外腰带(扎于最下方衣扣与上一衣扣之间,着夏常服时扎于内腰带外侧)。

(三)作训防护服

(1)军人在作战、训练、战备执勤、处置突发事件、体力劳动时,应当着作训服。师以下部队在日常工作、生活时可以统一着作训服。军以上单位机关工作时间在营区内,也可以统一着作训服。

(2)着夏作训服时,通常不扣上衣第一粒纽扣,可以将衣袖上卷(穿着前,先将袖子向外翻卷至腋下缝处,然后将袖口以外部分向外翻卷至与袖口接缝处,再将袖口下翻盖住翻卷部分),扣好纽扣,迷彩图案或者袖口正面外露。

(3)穿作训大衣时,应当扣好纽扣;使用风帽时,可以取下绒领;不使用风帽时,取下风帽。

(4)着作训服参加执勤、操课、检(校)阅或者携带武器、战斗装具时,应当扎编织外腰带,扣紧袖口纽扣,统一穿作训鞋或者作训靴(裤口扣紧,塞入靴内),其他时机也可以统一穿制式皮鞋。

六、军容风纪

(一)仪容

(1)军人应当军容严整,遵守下列规定。

① 着军服在室外应当戴军帽;戴大檐帽(卷檐帽)、作训帽时,帽檐前缘与眉同高;戴贝雷帽

时,帽徽位于左眼上方,帽口下缘距眉约1.5厘米;戴冬帽时,护脑下缘距眉约1.5厘米;水兵帽稍向右倾,帽墙下缘距右眉约1.5厘米,距左眉约3厘米;军官大檐帽饰带应当并拢,并保持水平;士兵大檐帽风带不用时应当拉紧并保持水平;大檐帽(卷檐帽)、水兵帽松紧带不使用时,不得露于帽外。

② 除授衔仪式、授枪仪式等重要活动和卫兵执勤外,着军服进入室内通常脱帽;因其他特殊情况不适宜脱帽时,由在场最高首长临时规定。

③ 着军服时应当穿军鞋;在实验室、重要洞库等特殊场所,可以统一穿具有防尘、防静电等功能的工作用鞋;不得赤脚穿鞋。

④ 着军服时应当按照规定扣好衣扣,不得挽袖(着作训服时除外),不得披衣、敞怀、卷裤腿。

⑤ 军服内着毛衣、绒衣、绒背心、棉衣时,下摆不得外露;着衬衣(内衣)时,下摆扎于裤内。

⑥ 军人非因公外出应当着便服;军级以上机关、院校、医院、科研和文艺、体育单位的军官、文职干部下班后通常着便服;女军人怀孕期间和给养员外出采购时,可以着便服。

⑦ 不得将军服外衣与便服外衣混穿。

⑧ 不得将摘下标志服饰的军服作便服穿着。

⑨ 不得着印有不文明图案、文字的便服。

⑩ 不得着仿制的军服。

(2) 军人头发应当整洁。男军人不得留长发、大鬓角和胡须,蓄发(戴假发)不得露于帽外,帽墙下发长不得超过1.5厘米;女军人发辫不得过肩,女士兵不得烫发。师以上首长可以在规定的发型内决定所属人员蓄一种或者几种发型。军人染发只准染与本人原发色一致的颜色。

(3) 军人不得文身。着军服时,不得化妆,不得留长指甲和染指甲,不得围非制式围巾,不得在外露的腰带上系挂移动电话、钥匙和饰物等,不得戴耳环、项链、领饰、戒指等首饰。除工作需要和眼疾外,不得戴有色眼镜。

(4) 军人着军服佩带国家和军队统一颁发的徽章以及特殊的识别标志或者专用臂章时,应当遵守下列规定。

① 参加重大庆典活动,可以在军服胸前适当位置佩带勋章、奖章、荣誉章、纪念章。

② 参加重要会议、重大演习和其他重要活动,可以按照要求佩带专用识别标志。

③ 执行作战、重大演习、处置突发事件等任务着作训服时,可以按照规定佩带专用臂章(尺寸、式样应当与单位臂章一致)。

④ 从地方普通中学毕业生和部队士兵中招收的军队院校学员着常服时,可以佩带院(校)徽;其他人员着军服时不得佩带院(校)徽。

⑤ 营区出入证只限于出入本营区时出示,不得佩带在军服上。

(二) 举止

(1) 军人必须举止端正,谈吐文明,精神振作,姿态良好。不得袖手、背手和将手插入衣袋,不得边走边吸烟、吃东西、扇扇子,不得搭肩挽臂。

(2) 军人参加集会、晚会,必须按照规定的时间和顺序入场,按照指定的位置就座,遵守会场秩序,不得迟到早退。散会时,依次退场。

(3) 军人外出,必须遵守公共秩序和交通规则,遵守社会公德,举止文明,自觉维护军队的声誉。不得猥集街头、嬉笑打闹和喧哗,不得携带违禁物品。乘坐公共汽(电)车、火车时,主动给老人、幼童、孕妇和伤、病、残人员让座。与他人发生纠纷时,应当依法处理。

(4) 军人遇到人民群众生命财产受到严重威胁时,应当见义勇为,积极救助。

(5) 军人不得赌博、打架斗殴,不得参加迷信活动。

(6) 军人不得酗酒,不得酒后驾驶机动车辆或者操作武器装备。

(7) 军人不得参加宗教组织和宗教活动,不得围观和参与社会游行、示威、静坐等活动,不得传抄、张贴、私藏非法印刷品,不得组织和参与串联、集体上访。

(8) 军人不得购买、传看渲染色情、暴力、迷信和低级庸俗的书刊和音像制品。

(9) 军人在公共场所和其他禁止吸烟的场所不得吸烟。

(10) 文艺工作者扮演我军官兵,以及军人给报刊、杂志等提供军人肖像,着军服主持电视节目、参加电视访谈,必须严格执行军容风纪的规定,维护军队和军人形象。

(11) 军人不得摆摊设点、叫买叫卖,不得以军人的名义、肖像做商业广告。

(三) 军容风纪检查

(1) 军容风纪是军队和军人的仪表和风貌,是军队作风纪律和战斗力的表现。部(分)队在经常进行军容风纪教育的同时,必须建立健全检查制度。连每周、营每半月、旅(团)每月至少进行1次军容风纪检查,及时纠正问题并讲评。

(2) 团(独立营)以上单位应当建立军容风纪纠察队,在营区及其附近组织军容风纪纠察。纠察人员对违反军容风纪的军人应当令其立即改正,对不服从纠察和严重违反军容风纪的军人应当给予批评教育,必要时予以扣留并通知其所在单位负责人领回严肃处理。

七、作息

(一) 时间分配

(1) 工作日通常保持8小时工作(操课)和8小时睡眠,并规定起床、早操、洗漱、开饭、课外活动和点名时间。星期六可以用于集体组织科学文化学习、文体活动、农副业生产等,也可以安排休息。星期日和节假日除特殊情况外应当安排休息。

(2) 作息时间表,由师(单独驻防的旅、团)以上单位机关按照本条令的规定,依据季节、部队任务和驻地环境等情况制定。不同建制的单位同驻一个营区时,作息时间表由级别高的单位制定,级别相同时应当协商统一制定。

(二) 连队一日生活

1. 起床

听到起床号(信号)后,全连人员立即起床(连值班员应当提前10分钟起床),按照规定着装,迅速做好出操准备。

各类值班(值日)人员按照规定认真履行职责;卫生员检查各班、排有无病号,对患病者根据情况处理。

因集体活动超过熄灯时间1小时以上时,部(分)队首长可以确定推迟次日起床时间。

2. 早操

除休息日和节假日外,连队通常每日出早操,每次时间通常为30分钟,主要进行队列训练和体能训练。除担任公差、勤务的人员和经医务人员建议并经连首长批准休息的伤病员外,所有人员都应当参加早操。

听到出操号（信号）后，各班、排迅速集合，检查着装和携带的武器装备，跑步带到连集合场，向连值班员报告。连值班员整理队伍，清查人数，向连首长报告，由连首长或者连值班员带队出操。

结合早操每周进行 1 至 2 次着装、仪容和个人卫生的检查，每次不超过 10 分钟。

营每月、旅（团）每季组织 1 次会操。

驻城市部队不得到营区外出早操；出早操时，应当避免影响营区周围居民休息。

3．整理内务和洗漱

早操后，整理内务，清扫室内外和洗漱，时间不超过 30 分钟。班值日员协助检查并整理本班的内务卫生。连值班员检查全连的内务卫生。

连首长每周组织 1 次全连内务卫生检查。

4．开饭

按照规定时间准时开饭。开饭时间通常不超过 30 分钟。

听到开饭号（信号）后，以班、排或者连为单位带到食堂门前，由连值班员整队，按照连值班员宣布的次序依次进入食堂。

就餐时保持肃静，餐毕自行离开。

休息日和节假日坚持三餐制。

5．操课

操课前，根据课目内容做好准备。听到操课号（信号）后，连（排、班或者训练编组）迅速集合整队，清查人数，检查着装和装备、器材，带到课堂（训练场、作业场）。

操课中，按照计划要求周密组织，认真听讲，精心操作，遵守课堂（训练场、作业场）纪律，严防事故。

课间休息（操课通常每小时休息 10 分钟，野外作业和实弹射击时根据情况确定休息时间），由连值班员发出休息信号；休息完毕，发出继续操课信号。

操课结束后，检查装备，清理现场，集合整队，进行讲评。

操课往返途中应当队列整齐，歌声嘹亮。

6．午睡（午休）

听到午睡号（信号）后，除执勤人员外均应当卧床休息，保持肃静，不得进行其他活动，连值班员检查全连人员午睡情况。午休时间由个人支配，但不得私自外出，不得影响他人休息。

7．课外活动

晚饭后的课外活动时间，每周除个人支配 2 至 3 次外（人员不得随意外出），其余由连队安排。

8．点名

连队通常每日点名，休息日和节假日必须点名。点名由 1 名连首长实施。每次点名不得超过 15 分钟。

点名通常以连为单位于就寝前或者其他时间列队进行（也可以排为单位进行）。点名的内容通常包括清点人员、生活讲评、宣布次日工作或者传达命令、指示等。

点名前，连首长应当商定内容；由连值班员发出点名信号并迅速集合全连人员，整队，清查人数，整理着装，向连首长报告。

唱名清点人员时,可以清点全体人员,也可以清点部分人员。

如以排为单位点名,连首长和连值班员应当进行督促检查。

9. 就寝

连值班员在熄灯号(信号)前 10 分钟,发出准备就寝信号,督促全体人员做好就寝准备。就寝人员应当放置好衣物、装具,听到熄灯号(信号)立即熄灯就寝,保持肃静。

休息日和节假日的前 1 日可以推迟就寝,时间通常不超过 1 小时。

休息日和节假日可以推迟 30 分钟起床。起床后,整理内务,清扫室内外和洗漱。早饭后至晚饭前,主要用于整理个人卫生,处理个人事情。

第四节 纪 律 条 令

一、军队纪律的基本内容

(1) 执行中国共产党的路线、方针、政策。

(2) 遵守国家的法律、法规。

(3) 执行军队的条令、条例和规章制度。

(4) 执行上级的命令和指示。

(5) 执行三大纪律、八项注意(三大纪律:一切行动听指挥;不拿群众一针一线;一切缴获要归公。八项注意:说话和气;买卖公平;借东西要还;损坏东西要赔;不打人骂人;不损坏庄稼;不调戏妇女;不虐待俘虏)。

二、军队纪律的基本要求

中国人民解放军的纪律要求每个军人必须做到以下几点。

(1) 听从指挥,令行禁止。

(2) 严守岗位,履行职责。

(3) 尊干爱兵,团结友爱。

(4) 军容严整,举止端正。

(5) 提高警惕,保守秘密。

(6) 爱护武器装备和公物。

(7) 廉洁奉公,不谋私利。

(8) 拥政爱民,保护群众利益。

(9) 遵守社会公德,讲究文明礼貌。

(10) 缴获归公,不虐待俘虏。

三、奖励、处分与特殊措施

(一) 奖励

1. 奖励的目的

奖励的目的在于鼓励先进,维护纪律,调动官兵的积极性、创造性,发扬爱国主义、共产主义和革命英雄主义精神,保证作战、训练和其他各项任务的完成。

2. 奖励的项目

对个人和单位的奖励项目包括:①嘉奖;②三等功;③二等功;④一等功;⑤荣誉称号。

奖励项目,依次以嘉奖为最低奖励,以荣誉称号为最高奖励。

3. 个人奖励的相关条件

(1) 个人遵守纪律,在作战、训练或者其他工作中的某一方面表现突出,取得优良成绩或者被评为优秀士兵的,给予嘉奖。

(2) 学习马克思列宁主义、毛泽东思想、邓小平理论、"三个代表"重要思想以及科学发展观,贯彻党的路线、方针、政策,联系实际回答和解决重大理论和现实问题,成绩突出,有较大贡献的,可以记三等功;有重要贡献的,可以记二等功;有重大贡献和影响的,可以记一等功。

(3) 战斗中英勇顽强,坚决执行命令,模范遵守战时纪律,完成作战任务成绩突出,或者主动掩护、抢救战友,事迹突出,有较大贡献的,可以记三等功;功绩显著,有重要贡献的,可以记二等功;功绩卓著,有重大贡献的,可以记一等功。

(4) 战斗中勇于克服困难,积极主动、迅速有效地提供后勤保障、装备保障或者其他作战保障,对完成作战任务有较大贡献的,可以记三等功;功绩显著,有重要贡献的,可以记二等功;功绩卓著,有重大贡献的,可以记一等功。

(5) 年度军事训练成绩优异,被旅、师、军(相当等级的部队)树立为军事训练标兵的,或者在《中国人民解放军军事训练与考核大纲》规定课目的比赛中,获得军(相当等级的部队)或者海军舰队、军区空军以及其他相当等级的单位前三名的,可以记三等功;被军区以及其他相当等级的单位树立为军事训练标兵或者获得军区以及其他相当等级的单位军事训练比赛成绩前三名的,可以记二等功;被树立为全军军事训练标兵或者在全军军事训练比赛中,获得优异成绩,有重大影响的,可以记一等功。

(6) 在战备值班、执勤中,及时发现和正确处理重要情况,保证完成任务或者避免重大损失,成绩突出,有较大贡献的,可以记三等功;功绩显著,有重要贡献的,可以记二等功;功绩卓著,有重大贡献的,可以记一等功。

(7) 在执行急难险重任务中,或者在其他紧要关头,勇敢沉着,不怕牺牲,成绩突出,较大贡献的,可以记三等功;功绩显著,有重要贡献的,可以记二等功;功绩卓著,有重大贡献的,可以记一等功。

(8) 在开展思想政治工作,培育当代革命军人核心价值观,保证部队的集中统一和各项任务的完成方面,成绩突出,有较大贡献的,可以记三等功;功绩显著,有重要贡献的,可以记二等功;功绩卓著,有重大贡献和影响的,可以记一等功。

(9) 精心使用、保养武器装备和维护军事设施,勇于同私藏、破坏、盗窃武器装备、弹药和危害军事设施安全的行为作斗争,或者在武器装备的监造、验收中避免重大质量问题,事迹突出,有较大贡献的,可以记三等功;功绩显著,有重要贡献的,可以记二等功;功绩卓著,有重大贡献的,可以记一等功。

(10) 保守、保护秘密,坚决同泄密行为和窃密、渗透活动作斗争,事迹突出,有较大贡献的,可以记三等功;功绩显著,有重要贡献的,可以记二等功;功绩卓著,有重大贡献和影响的,可以记一等功。

(11) 个人遵守纪律,在作战或者其他方面,功绩卓著,有特殊贡献,在军区以及其他相当等级的单位、全军、全国有重大影响和推动作用,堪称楷模的,可以授予荣誉称号。

（二）处分

1. 处分的目的

处分的目的在于严明纪律,教育违纪者和部队,加强集中统一,巩固和提高部队的战斗力。

2. 处分的原则

处分应当坚持下列原则。

(1) 依据事实,惩戒恰当。

(2) 惩前毖后,治病救人。

(3) 纪律面前人人平等。

3. 处分的项目

对士兵的处分项目包括:①警告;②严重警告;③记过;④记大过;⑤降职或者降衔;⑥撤职;⑦除名;⑧开除军籍。

处分项目,依次以警告为最轻处分,以开除军籍为最重处分。

4. 处分的相关条件

(1) 散布有政治性错误的言论,撰写、编著、出版有政治性问题的文章、著作,参加军队禁止的政治性组织或者政治性活动,情节较轻的,给予警告、严重警告处分;情节较重的,给予记过、记大过处分;情节严重的,给予降职(级)、降衔(级)、撤职处分。

(2) 不执行上级的命令和指示,有令不行,有禁不止,情节较轻的,给予警告、严重警告处分;情节较重的,给予记过、记大过处分;情节严重的,给予降职(级)、降衔(级)、撤职处分。

(3) 消极怠工,无故不参加学习、工作、训练、执勤等,情节较轻的,给予警告、严重警告处分;情节较重的,给予记过、记大过处分;情节严重的,给予降职(级)、降衔(级)、撤职处分。

(4) 弄虚作假,欺上瞒下,隐情不报,造成不良影响和损失,情节较轻的,给予警告、严重警告处分;情节较重的,给予记过、记大过处分;情节严重的,给予降职(级)、降衔(级)、撤职处分。

(5) 擅自出国、出境,情节较轻的,给予记过、记大过处分;情节较重的,给予降职(级)、降衔(级)、撤职处分。

(6) 擅离部队或者无故逾假不归,7日以内的,给予警告、严重警告处分;累计8日以上15日以内的,给予记过、记大过处分;累计16日以上的,给予降职(级)、降衔(级)、撤职处分。

(7) 打架斗殴或者参加聚众闹事,情节较轻的,给予警告、严重警告处分;情节较重的,给予记过、记大过处分;情节严重的,给予降职(级)、降衔(级)、撤职处分。

(8) 酗酒滋事,妨碍正常秩序,或者酒后驾驶机动车辆、操作武器装备,情节较轻的,给予警告、严重警告处分;情节较重的,给予记过、记大过处分;情节严重的,给予降职(级)、降衔(级)、撤职处分。

(9) 参与赌博,情节较轻的,给予警告、严重警告处分;情节较重的,给予记过、记大过处分;情节严重的,给予降职(级)、降衔(级)、撤职处分。

(10) 调戏、侮辱妇女或者发生不正当性行为,情节较轻的,给予警告、严重警告处分;情节较重的,给予记过、记大过处分;情节严重的,给予降职(级)、降衔(级)、撤职处分。

(11) 观看、传播淫秽物品,情节较轻的,给予警告、严重警告处分;情节较重的,给予记过、记大过处分;情节严重的,给予降职(级)、降衔(级)、撤职处分。

（12）盗窃、诈骗公私财物，情节较轻的，给予警告、严重警告处分；情节较重的，给予记过、记大过处分；情节严重的，给予降职（级）、降衔（级）、撤职处分。

（13）违反装备管理规定，遗失、遗弃、损坏装备，擅自动用、销售、出借、私存装备，情节较轻的，给予警告、严重警告处分；情节较重的，给予记过、记大过处分；情节严重的，给予降职（级）、降衔（级）、撤职处分。

（三）特殊措施

1. 行政看管

（1）行政看管是维护秩序、制止严重违纪行为、预防事故和案件发生的措施。

（2）对有打架斗殴、聚众闹事、酗酒滋事、持械威胁上级或者他人、违抗命令、严重扰乱正常秩序等行为的人员，或者确有迹象表明可能发生逃离部队、自杀、行凶等问题的人员，可以实行行政看管。

（3）行政看管的时间，一般不超过7日，需要延长的，应当报上级批准，但累计不得超过15日。

2. 其他措施

（1）当违反纪律的军人处于神志不清、精神失常、伤病严重或者醉酒状态时，应当先行照管或者治疗，待其神志清醒、脱离危险后，再行处理。

（2）军人发现临阵脱逃、投敌叛变、行凶杀人的犯罪行为，来不及报告时，应当采取紧急措施予以制止，事后立即报告首长，并对此负责。

四、控告和申诉

（1）控告和申诉是军人的民主权利，其目的在于充分发挥群众的监督作用，保护军人的合法权益，维护军队严格的纪律。

（2）军人对违法违纪者有权提出控告；认为给自己的处分不当或者合法权益受到侵害，有权提出申诉。控告和申诉应当忠于事实。

（3）控告和申诉可以按级或者越级提出。越级控告和申诉一般应当以书面形式提出。军人控告军队以外人员，可以将情况告知政治机关。政治机关应当及时了解情况，必要时予以协助。

（4）被控告人有申辩的权利，但不得阻碍控告人提出控告，更不得以任何借口打击报复。对打击报复者，应当给予处分。

第二章 队列

《中国人民解放军队列条令》(以下简称《队列条令》)是中国人民解放军队列生活的准则和队列训练的基本依据。全体军人必须严格执行本条令,加强队列训练,培养良好的军姿、严整的军容、过硬的作风、严格的纪律性和协调一致的动作,促进军队正规化建设,巩固和提高战斗力。

第一节 单个军人的队列动作

单个军人的队列动作主要包括以下内容:立正、跨立、稍息;停止间转法;行进与立定;步法变换;行进间转法;脱帽、戴帽;敬礼;坐下、蹲下、起立;操枪。

一、立正、跨立、稍息

(一)立正

立正是军人的基本姿势,是队列动作的基础。军人在宣誓、接受命令、进见首长、向首长报告、回答首长问话、升降国旗、迎送军旗、奏唱国歌和军歌等严肃、庄重的时机和场合,均应当立正。

口令:立正。

动作要领:听到"立正"的口令后,两脚跟靠拢并齐,两脚尖向外分开约60度,两腿挺直;小腹微收,自然挺胸,上体正直,微向前倾,两肩要平,稍向后张;两臂下垂,自然伸直,手指并拢,自然微屈,拇指尖贴于食指第二节,中指贴于裤缝;头要正,颈要直,口要闭,下颌微收,两眼向前平视。(见图2-1)

图2-1 徒手立正姿势

动作要点：两腿并拢挺直，两眼向前平视，挺胸，挺颈，收下颌。

（二）跨立

跨立主要用于军体操、执勤和舰艇上分区列队等场合，可以与立正互换。

口令：跨立。

动作要领：听到"跨立"的口令后，左脚向左跨出约一脚之长，两腿挺直，上体保持立正姿势，身体重心落于两脚之间；两手后背，左手握右手腕，拇指根部与外腰带下沿（内腰带上沿）同高，右手手指并拢，自然弯曲，手心向后。携枪时不背手。（见图2-2）

动作要点：左脚跨出、收回快；跨出一脚之长准确，两手后背的位置准确。

图2-2 跨立姿势

（三）稍息

稍息是队列动作中一种休息和调整姿势的动作，可与立正互换。

口令：稍息。

动作要领：听到"稍息"的口令后，左脚顺脚尖方向伸出约全脚的三分之二，两腿自然伸直，上体保持立正姿势，身体重心大部分落于右脚。携枪（筒）时，携带的方法不变，其余动作同徒手。稍息过久，可自行换脚。

动作要点：出脚时不弯曲，脚跟稍离地，膝盖后挺，脚踝需用力。

二、停止间转法

停止间转法是停止间变换方向的一种队列动作，分为向右转、向左转、向后转。需要时，也可以半面向右转或半面向左转。

（一）向右（左）转

向右（左）转是停止间向右（左）变换方向的队列动作。

口令：向右（左）——转；半面向右（左）——转。

动作要领：以右（左）脚跟为轴，右（左）脚跟和左（右）脚掌前部同时用力，使身体协调一致地向右（左）转90度，体重落在右（左）脚，左（右）脚取捷径迅速靠拢右（左）脚，成立正姿势。转动和靠脚时，两腿挺直，上体保持立正姿势。

半面向右（左）转，按照向右（左）转的要领转45度。

动作要点：以脚跟为轴，脚跟、脚掌用力使身体转向新方向。

（二）向后转

向后转是停止间向后变换方向的队列动作。

口令：向后——转。

动作要领：按照向右转的要领向后转180度。

动作要点：转动时，重心随方向变化逐渐转移至轴心脚。

（三）持枪转动

持枪转动时，除按照徒手动作要领外，听到预令，将枪稍提起，拇指贴于右胯，使枪随身体平稳地转向新方向，托前踵（95式班用机枪托底）轻轻着地，成持枪立正姿势。

动作要点：听到预令，提枪动作迅速，转动时，枪身不外张。

三、行进与立定

行进的基本步法分为齐步、正步和跑步，辅助步法分为便步、踏步、移步和礼步。

（一）齐步与立定

齐步是军人行进常用的步法。

口令：齐步——走，立——定。

图2-3 齐步行进时的动作

动作要领：听到"齐步——走"的口令后，左脚向正前方迈出约75厘米，按照先脚跟后脚掌的顺序着地，同时身体重心前移，右脚照此法动作；上体正直，微向前倾；手指轻轻握拢，拇指贴于食指第二节；两臂前后自然摆动，向前摆臂时，肘部弯曲，小臂自然向里合，手心向内稍向下，拇指根部对正衣扣线，并高于春秋常服最下方衣扣约5厘米（着夏常服、水兵服时，高于内腰带扣中央约5厘米；着作训服时，与外腰带扣中央同高），离身体约30厘米；向后摆臂时，手臂自然伸直，手腕前侧距裤缝线约30厘米。行进速度每分钟116～122步。（见图2-3）

听到"立——定"的口令后，左脚再向前大半步着地（脚尖向外约30度），两腿挺直，右脚取捷径迅速靠拢左脚，成立正姿势。

动作要点：走直线，身体稳，摆臂自然；步幅、步速要准确；立定时靠脚准确。

（二）正步与立定

正步主要用于分列式和其他礼节性场合。

口令：正步——走，立——定。

动作要领：听到"正步——走"的口令后，左脚向正前方踢出约75厘米（腿要绷直，脚尖下压，脚掌与地面平行，离地面约25厘米），适当用力使全脚掌着地，同时身体重心前移，右脚照此法动作；上体正直，微向前倾；手指轻轻握拢，拇指伸直贴于食指第二节；向前摆臂时，肘部弯曲，小臂略成水平，手心向内稍向下，手腕下沿摆到高于春秋常服最下方衣扣约15厘米处（着夏常服、水兵服时，摆到高于内腰带扣中央约15厘米处；着作训服时，摆到高于外腰带扣中央约10

厘米处),离身体约 10 厘米;向后摆臂时(左手手心向右,右手手心向左),手腕前侧距裤缝线约 30 厘米。行进速度每分钟 110～116 步。(见图 2-4)

听到"立——定"的口令后,左脚再向前大半步着地(脚尖向外约 30 度),两腿挺直,右脚取捷径迅速靠拢左脚,同时将手放下,成立正姿势。

动作要点:踢腿快,摆臂快,落地稳,摆臂、踢腿协调一致。

(三)跑步与立定

跑步主要用于快速行进。

口令:跑步——走,立——定。

动作要领:听到预令,两手迅速握拳(四指蜷握,拇指贴于食指第一关节和中指第二节),提到腰际,约与腰带同高,拳心向内,肘部稍向里合。听到动令,上体微向前倾,两腿微弯,同时左脚利用右脚掌的蹬力跃出约 85 厘米,前脚掌先着地,身体重心前移,右脚照此法动作,两臂前后自然摆动,向前摆臂时,大臂略垂直,肘部贴于腰际,小臂略平,稍向里合,两拳内侧各距衣扣线约 5 厘米,向后摆臂时,拳贴于腰际。行进速度每分钟 170～180 步。(见图 2-5)

听到"立——定"的口令后,再跑 2 步,然后左脚向前大半步着地(两拳收于腰际,停止摆动),右脚取捷径靠拢左脚,同时将手放下,成立正姿势。

动作要点:身体重心向前移,蹬腿有力步幅准。

图 2-4　正步行进时的动作　　　　　　图 2-5　跑步时的动作

(四)便步

便步用于行军、操练后恢复体力及其他场合。

口令:便步——走。

动作要领:听到"便步——走"的口令后,用适当的步速、步幅行进,两臂自然摆动,上体保持良好姿态。

动作要点:步速、步幅适当放缓、减小,从而达到恢复体力的目的。

(五)踏步与立定

踏步分为齐步踏步与跑步踏步两种,主要用于调整步伐或使队列整齐。

停止间口令:踏步——走,立——定。

行进间口令:踏步,立——定或踏步,前进。

图 2-6 齐步踏步时的动作

动作要领:两脚在原地上下起落(抬起时,脚尖自然下垂,离地面约 15 厘米;落下时,前脚掌先着地),上体保持正直,两臂按照齐步或跑步摆臂的要领摆动。(见图 2-6)

听到"立——定"的口令后,左脚踏 1 步,右脚靠拢左脚,原地成立正姿势(跑步踏步,听到口令后,继续踏 2 步,再按照上述要领进行)。

在齐步、跑步行进中,听到"踏步"的口令后,从左脚开始(跑步踏步时,继续向前跑 2 步,再从左脚开始)按原步法的步速和踏步的要领实施。

听到"前进"的口令后,继续踏 2 步,再从左脚开始换齐步或跑步行进。

动作要点:膝盖不外张,步速不变化,立定在原地。

(六)移步

移步用于调整队列位置。

1. 右(左)跨步

口令:右(左)跨×步——走。

动作要领:上体保持正直,每跨 1 步并脚一次,步幅约与肩同宽,跨到指定步数停止。

2. 向前或者后退

口令:向前×步——走;后退×步——走。

动作要领:向前移步时,应当按照单数步要领进行(双数步变为单数步)。向前 1 步时,用正步,不摆臂;向前 3 步、5 步时,按照齐步走的要领进行。向后退步时,从左脚开始,每退 1 步靠脚一次,不摆臂,退到指定步数停止。

动作要点:动作有节奏,跨步距离准。

(七)礼步

礼步用于纪念仪式中礼兵的行进。

口令:礼步——走。

动作要领:听到"礼步——走"的口令后,左脚向正前方缓慢抬起(腿要绷直,脚尖上翘,与腿约成 90 度,脚后跟离地面约 30 厘米),按照脚跟、脚掌的顺序缓慢着地,步幅约 55 厘米,右脚照此法动作;上体正直,两臂下垂,自然伸直,轻贴身体(抬祭奠物除外);手指并拢,自然微屈,拇指尖贴于食指第二节,中指贴于裤缝。行进速度每分钟 24~30 步。(见图 2-7)

动作要点:上体稳,步速、步幅准。

(八)携枪行进与立定

持枪时,听到行进口令的预令,将枪提起,使枪身略直,拇指贴于右胯,使枪身稳固,其余要领同徒手。

背枪、肩枪、挂枪、托枪、提枪时,听到行进口令,保持携枪姿势,其余要领同徒手。

持枪立定时,在右脚靠拢左脚后,迅速使托前踵(95 式班用机枪托底)轻轻着地。其余要领同徒手。(见图 2-8)

图 2-7　礼步时的动作

图 2-8　携枪行进与立定

（九）携便携式折叠写字椅行进与立定

携便携式折叠写字椅行进时，左手提握支脚上的横杠，左臂下垂，自然伸直，写字板面朝外。

携便携式折叠写字椅立定时的动作要领同徒手。（见图 2-9）

四、步法变换

（一）齐步与正步互换

齐步与正步互换是齐步行进与正步行进互换的队列动作。

口令：齐步——走，正步——走。

动作要领：行进间，听到口令，右脚继续走 1 步，从左脚开始换齐步或正步行进。

图 2-9　携便携式折叠写字椅行进与立定

动作要点：

（1）齐步换正步时，左脚换正步及时、准确；

（2）正步换齐步时，换臂自然。

（二）齐步与跑步互换

齐步与跑步互换是齐步行进与跑步行进互换的队列动作。

口令：齐步——走，跑步——走。

动作要领：齐步换跑步时，听到预令，两手迅速握拳提于腰际，两臂前后自然摆动；听到动令，从左脚开始换跑步行进。跑步换齐步时，听到口令，继续跑 2 步，然后从左脚开始换齐步行进。

动作要点：

（1）齐步换跑步时，听到预令，两腿仍按齐步要领行进；

（2）跑步换齐步时，听到预令，逐渐放慢速度，变换时要自然。

（三）齐步与踏步互换

齐步与踏步互换是齐步行进与踏步互换的队列动作，用于调整步伐或使队列整齐。

口令:齐步——走,踏步,前进。

动作要领:齐步换踏步时,听到口令,从左脚开始换踏步;踏步换齐步时,听到"前进"的口令,继续踏2步,再从左脚开始换齐步行进。

动作要点:换踏步要快,换齐步时要注意踏2步后再行进。

(四)跑步与踏步互换

跑步与踏步互换是跑步行进与踏步互换的队列动作,用于调整步伐或使队列整齐。

口令:跑步——走,踏步,前进。

动作要领:跑步换踏步时,听到口令,继续跑2步,然后换踏步;踏步换跑步时,听到"前进"的口令,继续踏2步,再从左脚开始换跑步行进。

动作要点:变换步法时,上体正直,时机准确。

五、行进间转法

行进间转法,是行进间变换方向的一种队列动作,分为向右转走、向左转走、向后转走。需要时,也可以半面向右(左)转走。

(一)齐步、跑步向右(左)转走

齐步、跑步向右(左)转走,是齐步、跑步行进时向右(左)变换方向的方法。

口令:向右(左)转——走。

动作要领:在齐步、跑步行进中,听到"向右(左)转——走"的口令后,左(右)脚向前半步(跑步时,继续跑2步,再向前半步),脚尖向右(左)约45度,身体向右(左)转90度时,左(右)脚不转动,同时出右(左)脚按照原步法向新方向行进。

动作要点:听到口令后,向前半步时,后方脚尖距离前方脚中部约10厘米,后方脚外侧与前方脚尖在同一直线上。

(二)齐步、跑步向后转走

齐步、跑步向后转走,是齐步、跑步行进时向后变换方向的方法。

口令:向后转——走。

动作要领:在齐步、跑步行进中,听到"向后转——走"的口令后,左脚向右脚前迈出约半步(跑步时,继续跑2步,再向前半步),脚尖向右约45度,以两脚的前脚掌为轴,向后转180度,出左脚按照原步法向新方向行进。

动作要点:摆臂时向内用力,不外张。

(三)齐步、跑步半面向右(左)转走

齐步、跑步半面向右(左)转走,是齐步、跑步行进时半面向右(左)变换方向的方法。

口令:半面向右(左)转——走。

动作要领:在齐步、跑步行进中,半面向右(左)转走,按照向右(左)转走的要领转45度。

动作要点:脚尖向右(左)45度,右(左)脚向新方向迈(跃)出时,方向准确。

六、脱帽、戴帽

(一)脱帽

脱帽是队列生活中,在进入室内时或其他需要脱帽的场合,将帽脱下的队列动作。

口令：脱帽。

动作要领：立姿脱帽时，双手捏帽檐或者帽前端两侧，将帽取下，取捷径置于左小臂，帽徽朝前，掌心向上，四指扶帽檐或者帽墙前端中央处，小臂略成水平，右手放下（见图2-10）；坐姿脱帽时，双手捏帽檐或者帽前端两侧，将帽取下，置于桌（台）面前沿左侧或者膝上（帽顶向上，帽徽朝前），也可以置于桌斗内。

动作要点：头正直向上顶，身体不晃动，脱帽动作快，位置准。

（二）戴帽

戴帽是队列生活中，需要戴帽时的制式动作。

口令：戴帽。

动作要领：双手捏帽檐或者帽前端两侧，取捷径将帽迅速戴正。

动作要点：戴帽动作快，方向准。

图2-10　立姿脱帽时的动作

七、敬礼

敬礼是礼节的一种主要表现形式，可以体现军队内部团结友爱，也可以体现部属与首长、下级与上级相互尊重。军队必须有礼节。敬礼分为举手礼、注目礼和举枪礼。

（一）敬礼、礼毕

部属、下级应当先向首长、上级敬礼，首长、上级应还礼。

1. 举手礼

口令：敬礼，礼毕。

动作要领：听到"敬礼"的口令后，上体正直，右手取捷径迅速抬起，五指并拢，自然伸直，中指微接帽檐右角前约2厘米处（戴卷檐帽、无檐帽或者不戴军帽时微接太阳穴，约与眉同高），手心向下，微向外张（约20度），手腕不得弯曲，右大臂略平，与两肩略成一条线，同时注视受礼者（见图2-11）。听到"礼毕"的口令后，将手放下。

动作要点：手指定型位置准。

图2-11　举手礼的动作

2. 注目礼

口令：敬礼，礼毕。

动作要领：听到"敬礼"的口令后，面向受礼者，成立正姿势并注视受礼者，目迎目送（右、左转头角度不超过 45 度）。听到"礼毕"的口令后，迅速将头转正。

动作要点：行注目礼时，身体保持标准的军人姿势，转头干脆、利落。

3. 举枪礼（用于阅兵式或者执行仪仗任务）

口令：向右看——敬礼，礼毕。

动作要领：听到"向右看——敬礼"的口令后，右手将枪提到胸前，枪身垂直并对正衣扣线，枪面向右，离身体约 10 厘米，枪口与眼同高，右大臂轻贴右肋，左手接握表尺上方，左大臂轻贴左肋，同时向右转头注视受礼者，目迎目送（右、左转头角度不超过 45 度）。听到"礼毕"的口令后，将头转正，右手将枪放下，使托前踵轻轻着地，同时左手放下，成持枪立正姿势。

动作要点：提枪动作迅速有力，位置居中；枪到位时，转头到位；放枪时猛放轻着地。

（二）单个军人敬礼

单个军人敬礼是单个军人在队列生活中敬礼的队列动作。

动作要领：单个军人在距受礼者 5～8 步处，行举手礼或注目礼。

图 2-12　行进间敬礼的动作

徒手或背枪时，停止间，应当面向受礼者立正，行举手礼，待受礼者还礼后礼毕；行进间（跑步时换齐步），转头向受礼者行举手礼（手不随头转动），并继续行进，左臂仍自然摆动，待受礼者还礼后礼毕（见图 2-12）。

携带武器（除背枪）等不便行举手礼时，不论停止间还是行进间，均行注目礼，待受礼者还礼后礼毕。

动作要点：保持三个"一条线"——身体上下正直一条线，大臂与两肩成一条线，手与小臂成一条线。

（三）分队、部队敬礼

分队、部队敬礼是本分队、部队指挥员敬礼的动作。

1. 停止间敬礼

动作要领：当首长进到距本分队（部队）适当距离时，指挥员下达"立正"的口令，跑步到首长前 5～8 步处敬礼，待首长还礼后礼毕，再向首长报告。例如："支队长（团长）同志，× 中队（连）正在进行队列训练，应到 ×× 名，实到 ×× 名，请指示，中队长（连长）×××"。报告完毕，待首长指示后，答"是"，再敬礼，待首长还礼后礼毕，跑步回到原来的位置，下达"稍息"的口令或者继续进行操练。

动作要点：敬礼时抬臂迅速，手、臂、头定型、定位，不歪头，不转体，不耸肩。

2. 行进间敬礼

动作要领：由带队指挥员按照单个军人行进间敬礼的规定实施，队列人员按照原步法行进。

动作要点：步幅准；右手接帽檐位置准；转头的角度准；左脚迈出、抬手和转头协调；礼毕时，右脚迈出、放手和转头协调。

八、坐下、蹲下、起立

（一）坐下和起立

坐下是军人坐下时的制式队列动作。

1. 徒手坐下和起立

口令：坐下，起立。

动作要领：左小腿在右小腿后交叉，迅速坐下（坐凳子时，听到口令后，左脚向左分开约一脚之长；女军人着裙服坐凳子时，两腿自然并拢），手指自然并拢放在两膝上，上体保持正直。

听到"起立"的口令后，全身协力迅速起立，成立正姿势。

动作要点：坐下时，上体需保持立正姿势，不向前倾斜；起立时，应将身体重心向前调整，全身协力迅速起立。

2. 携枪坐下和起立

口令：枪靠右肩——坐下，起立。

动作要领：携枪坐下时，两腿按照徒手坐下的要领进行，然后枪靠右肩（枪面向右），右手自然扶贴护木，左手手指自然并拢，放在左膝上。肩81式自动步枪坐下时，听到预令，右手移握护木，使背带从肩上滑下，将枪取下，两腿按照徒手坐下的要领进行。携95式自动步枪坐下时，听到"右手扶枪——坐下"的口令，两腿按照徒手坐下的要领进行，同时将枪置于右小腿前侧，枪身与地面垂直，枪面向后，右手自然扶握上护盖前端，左手手指自然并拢，放在左膝上。肩枪坐下时，听到预令，右手移握下护手前端，使背带从肩上滑下，将枪取下，两腿按照徒手坐下的要领进行。

听到"起立"的口令后，全身协力迅速起立，成持枪或肩枪立正姿势。

动作要点：坐下时控制好枪身，持枪、肩枪立正姿势正确。

3. 携便携式折叠写字椅坐下和起立

携便携式折叠写字椅时，左手提握支脚上的横杠，左臂下垂，自然伸直，写字板面朝外。

口令：放凳子，坐下。

放凳子，打开靠背（打开写字板），坐下。

取凳子，起立。

动作要领：听到"放凳子"的口令后，左手将折叠写字椅提至身前交于右手，右手反握支脚上的横杠，左手移握写字板和座板上沿，两手协力将支脚拉开，然后上体右转，两手将折叠写字椅轻轻置于脚后，写字板扣手朝前，恢复立正姿势。听到"坐下"的口令后，迅速坐在折叠写字椅上。

使用折叠写字椅的靠背或者写字板时，应当按照"打开靠背"或者"打开写字板"的口令，调整折叠写字椅和坐姿。组合使用写字板时，根据需要确定组合方式和动作要领。

携便携式折叠写字椅起立时，当听到"取凳子，起立"的口令后，按照放折叠写字椅的相反顺序进行。

动作要点：保持立正不低头，凳子置于脚跟后。

4. 背背囊（背包）坐下和起立

口令：放背囊（背包），坐下，起立。

取背囊（背包），起立。

动作要领:听到"放背囊(背包)"的口令后,两手协力解开上、下扣环,握背带,取下背囊(背包),上体右转,右手将背囊(背包)横放在脚后,背囊口向右(背包口向左)。听到"坐下"的口令后,坐在背囊(背包)上。携枪(筒)放背囊(背包)时,先置枪(筒),后放背囊(背包)。

听到"取背囊(背包),起立"的口令后,按照放背囊(背包)的相反顺序进行。

动作要点:右手将背囊(背包)横放在脚后时,上体转动幅度不能过大,脚不能离开队列位置。

(二)蹲下和起立

蹲下是军人蹲下时的制式队列动作。

口令:蹲下,起立。

动作要领:右脚后退半步,前脚掌着地,臀部坐在右脚跟上(膝盖不着地),两腿分开约60度(女军人两腿自然并拢),手指自然并拢,放在两膝上,上体保持正直(见图2-13)。蹲下过久,可以自行换脚。

持枪时,右手移握护木(95式班用机枪,握上护盖前端;冲锋枪、自动步枪和40火箭筒的携带方法不变),左手手指自然并拢,放在左膝上。

听到"起立"的口令后,全身协力迅速起立,成立正姿势或者成持枪、肩枪立正姿势。

动作要点:右脚后退半步,手指自然并拢,起立时全身协调。

图2-13 蹲下时的动作

九、操枪

操枪是指士兵携带枪支的动作和方法,通常分为持枪、肩枪、挂枪、背枪、提枪、枪放下等。

(一)肩枪、挂枪互换

肩枪、挂枪互换是士兵携带枪支时,肩枪动作与挂枪动作互换的方法。

1. 肩枪换挂枪

口令:挂枪。

动作要领:81式(03式)自动步枪,右手移握护盖,右臂前伸将枪口转向前,左手掌心向下在右肩前握背带,两手协力将背带从头上套过,落在左肩,使枪身在胸前约成45度(表尺中央部位位于衣扣线),右手移握枪颈,左手放下(阅兵等时左手可握护盖),成挂枪立正姿势。

95式自动步枪,右手移握上护盖前端,右臂前伸将枪口转向前,左手掌心向下在右肩前握背带,两手协力将背带从头上套过,落在左肩,使枪身的下护手销对正衣扣线,枪身在胸前约成 60 度,右手移握枪托中间部位,左手放下(阅兵等时左手可握下护手前端),成挂枪立正姿势。挂枪时不上刺刀。(见图 2-14)

动作要点:右手将枪口转向前时,背带紧贴于肩,防止背带脱落;右臂前伸将枪口转向前时,枪身略成水平;成挂枪姿势后的角度和位置准确。

2. 挂枪换肩枪

口令:肩枪。

动作要领:右手移握护盖(95 式自动步枪,移握上护盖前端),左手移握背带,两手协力将背带从头上套过,落在右肩,枪口向下,枪身垂直,右手移握背带(拇指由内顶住),左手放下,成肩枪立正姿势。

图 2-14　肩枪换挂枪时的动作

动作要点:右手移握护盖,左手移握背带,动作同时进行;将背带从头上套过,枪身垂直。

(二) 肩枪、背枪互换

肩枪、背枪互换是士兵携带枪支时,肩枪动作与背枪动作互换的方法。

1. 肩枪换背枪

口令:背枪。

动作要领:81 式(03 式)自动步枪,左手在右肩前握背带,右手掌心向后握准星座(95 式自动步枪,握准星座与上护盖连接部位),两手协力将枪向上提,左手将背带从头上套过,落在左肩,两手放下,成背枪立正姿势。

动作要点:肩枪换背枪时,左手握住背带后,右手再握准星座(95 式自动步枪,握准星座与上护盖连接部位)。

2. 背枪换肩枪

口令:肩枪。

动作要领:81 式(03 式)自动步枪,右手掌心向后握准星座(95 式自动步枪,握准星座与上护盖连接部位),左手在左肩前握背带,两手协力将背带从头上套过,落在右肩,右手移握背带(拇指由内顶住),左手放下,成肩枪立正姿势。

动作要点:右手握准星,左手同时行;背带头上套,右手先推枪。

(三) 挂枪、背枪互换

挂枪、背枪互换是士兵携带枪支时,挂枪动作与背枪动作互换的方法。

1. 挂枪换背枪

口令:背枪。

动作要领:81 式(03 式)自动步枪,右手握准星座(95 式自动步枪,握上护盖前端),稍向上提,左手在左肩前握背带,两手协力将枪转到背后,两手放下,成背枪立正姿势(见图 2-15)。

动作要点:挂枪换背枪时,右手握准星座(95 式自动步枪,握上护盖前端),左手握背带,动作同时进行;先两手协力将枪稍向左上提后,再将枪转到背后。

2. 背枪换挂枪

口令：挂枪。

动作要领：81式（03式）自动步枪，右手掌心向前握准星座（95式自动步枪，握上护盖前端），稍向上提，左手在右肋前握背带，两手协力将枪转到胸前，右手移握枪颈（95式自动步枪，移握枪托中间部位），左手放下或者握护盖，成挂枪立正姿势。

动作要点：背枪换挂枪时，右手掌心向前握准星座（95式自动步枪，握上护盖前端），左手在右肋前握背带，动作同时进行；先用右手将枪稍向上提后，再两手协力将枪转到胸前。

（四）81式（03式）自动步枪（打开枪托，上刺刀）的提枪、枪放下

1. 提枪

口令：提枪。

动作要领：右手将枪提到右肩前，枪身垂直，距身体约10厘米，枪面向后，手约与肩同高，大臂轻贴右肋，同时左手握护盖，右手移握握把，右臂伸直，使枪轻贴身体右侧，枪身要正，并与衣扣线平行，右大臂轻贴右肋，左手迅速放下，成提枪立正姿势（见图2-16）。

动作要点：动作有力节奏明，大臂夹紧不外张；左小臂取捷径握护盖，右小臂用力向上提。

2. 枪放下

口令：枪放下。

动作要领：右手将枪向前稍向下推出，右臂伸直，同时左手迅速握护盖，右手移握准星座附近，左手放下的同时，右手将枪放下，使托前踵轻轻着地，成持枪立正姿势。

动作要点：枪放下时，手腕控制好托前踵与地面的距离，托前踵着地的同时，左手恢复立正姿势。

图2-15 背枪立正姿势　　图2-16 提枪立正姿势

（五）81式（03式）自动步枪的提枪、端枪互换

1. 提枪换端枪

口令：端枪。

动作要领：行进时，听到"端枪"的口令后，继续向前3步，左脚着地时，右手将枪移至右肩前，同时左手接握护盖（准星座与肩同高），右脚再向前1步的同时，右手移握枪颈，左脚着地时，两手将枪导向前，枪面向上，左手掌心转向右，枪颈紧贴右胯，右臂与两肩约在同一平面，刺刀尖

约与下颌同高,并在右肩的正前方(见图 2-17)。

动作要点:把握好枪的运动路线和定位点,保持枪身与身体的定型、定位,手的动作与脚着地的动作协调一致。

2. 端枪换提枪

口令:提枪。

动作要领:听到"提枪"的口令后,继续向前 3 步,左脚着地时,左手收至右胸前,右手向前下方推枪,右脚再向前 1 步,右手移握握把,左脚着地时,将枪收至提枪位置,左手放下。

动作要点:移枪动作快,位置准。

图 2-17 端枪

第二节 班的队列动作

班的队列动作,是班按照《队列条令》规定的内容、要领进行的制式队列活动,是部(分)队队列动作的重要组成部分。班的队列动作主要包括以下内容:班的队形;集合、离散;整齐、报数;出列、入列;行进、停止;队形变换;方向变换。

一、班的队形

班的基本队形,分为班横队和班纵队。需要时,可以成班二列横队或班二路纵队。

动作要领:队列人员的间隔(两肘之间)通常为 10 厘米左右,距离(前一名士兵的脚跟至后一名士兵的脚尖)通常为 75 厘米左右。班长位于排头,副班长位于排尾,必要时也可按身高排列。

动作要点:保持三条线(帽檐线、胸线、脚跟线)在一条直线上;纵队时,前后对正,全班的身体中心在一条直线上。

二、集合、离散

(一)集合

集合,是使单个军人、分队、部队按照规范队形聚集起来的一种队列动作。

集合时,指挥员应当先发出预告或者信号,然后站在预定队形的中央前,面向预定队形成立正姿势,下达"成××队——集合"的口令。所属人员听到预告或者信号后,原地面向指挥员成立正姿势,听到口令后,跑步到指定位置面向指挥员集合(在指挥员后侧的人员,应当从指挥员右侧绕过),自行对正、看齐,成立正姿势。

口令:成班横队(班二列横队)——集合。

动作要领:基准兵迅速到班长左前方适当位置,成立正姿势,其他士兵以基准兵为准,依次向左排列,自行看齐。

成班二列横队时,单数士兵在前,双数士兵在后。

口令:成班纵队(班二路纵队)——集合。

动作要领:基准兵迅速到班长前方适当位置,成立正姿势,其他士兵以基准兵为准,依次向后排列,自行对正。

成班二路纵队时,单数士兵在左,双数士兵在右。

(二)离散

离散,是使队列的单个军人、分队、部队各自离开原队列位置的一种队列动作。离散包括离开和解散,班队列以解散为主。

口令:解散。

动作要领:队列人员迅速离开原队列位置。

动作要点:集合时动作迅速,站位准确;解散时离开原队列位置快,注意指挥员规定的范围。

三、整齐、报数

(一)整齐

整齐是使队列人员按照规定的间隔、距离,保持行、列整齐的一种队列动作。

口令:向右(左)看——齐,向前——看。

动作要领:听到"向右(左)看——齐"的口令后,基准兵不动,其他士兵向右(左)转头(持枪时,听到预令后,迅速将枪稍提起,看齐后自行放下),眼睛看相邻士兵的腮部,前四名士兵以能通视到基准兵为度,自第五名士兵起,以能通视到本人以右(左)第三人为度。听到"向前——看"的口令后,迅速将头转正,恢复立正姿势。

口令:以×××为准(或者以第×名为准),向中看——齐,向前——看。

动作要领:当指挥员指定"以×××为准(或者以第×名为准)"时,基准兵答"到",同时左手握拳高举,大臂前伸与肩略平,小臂垂直举起,拳心向右。听到"向中看——齐"的口令后,其他士兵按照向左(右)看齐的要领实施。听到"向前——看"的口令后,基准兵迅速将手放下,其他士兵迅速将头转正,恢复立正姿势。

班纵队看齐时,可以下达"向前——对正"的口令。听到口令后,基准兵不动,其他士兵依次向前一名士兵对正,并保持好前后的距离。

(二)报数

报数时,横队从右至左(纵队从前往后)依次以短促、洪亮的声音转头(纵队向左转头)报数,最后一名不转头。

动作要点:横队间隔要准确,纵队距离要准确;看齐时,平行向右(左)转头;报数时,转头迅速、准确(约45度),声音连贯。

四、出列、入列

单个军人和分队出列、入列通常用跑步(5步以内用齐步,1步用正步),或者按照指挥员指定的步法执行,行进到指挥员右前侧适当位置或者指定位置,面向指挥员成立正姿势。

(一)单个军人出列、入列

单个军人出列、入列是单个军人出列、入列时的队列动作。

1. 单个军人出列

口令:×××(或者第×名),出列。

动作要领:出列军人听到自己的姓名或者序号后应当答"到",听到"出列"的口令后,应当答

"是"。位于第一列(左路)的军人,按照上述规定,取捷径出列。位于中列(路)的军人,向后(左)转,待后列(左路)同序号的军人向右后退1步(左后退1步)让出"缺口"后,按照上述规定从队尾(纵队时从左侧)出列,位于"缺口"位置的军人,待出列军人出列后,即复原位。位于最后一列(右路)的军人出列,先退1步(右跨1步),然后按照规定从队尾出列。

动作要点:根据出列所需行进的距离,准确地选择相应的步法,面向指挥员成立正姿势。

2. 单个军人入列

口令:入列。

动作要领:听到"入列"的口令后,应当答"是",然后按照出列的相反程序入列。

动作要点:按照与出列方法相同,路线相反的原则入列。

(二)班出列、入列

班出列、入列是班出列、入列时的队列动作。

1. 班出列

口令:第×班,出列。

动作要领:听到"第×班"的口令后,由出列班的指挥员答"到",听到"出列"的口令后,由出列班的指挥员答"是",并用口令指挥本班按照有关规定,以纵队形式从队尾(位于第一列的班取捷径)出列。

2. 班入列

口令:入列。

动作要领:听到"入列"的口令后,由入列班的指挥员答"是",并用口令指挥本班,以纵队形式从队尾(位于第一列的班取捷径)入列。

动作要点:班出列、入列时,指挥员的口令短促、洪亮。

五、行进、停止

横队和并列纵队行进以右翼为基准,纵队行进以左翼为基准(一路纵队行进以先头为基准)。

(一)行进

口令:×步——走。

动作要领:听到口令后,基准兵向正前方前进,其他士兵向基准兵看齐,保持规定的间隔、距离行进。行进过程中,需要时,可以用"一二一"(调整步伐的口令)、"一二三四"(呼号)或者唱队列歌曲,保持步伐整齐,振奋士气。

(二)停止

口令:立——定。

动作要领:听到口令后,按照立定的要领实施,动作要整齐、一致。停止后,听到"稍息"的口令,先自行对正、看齐,再稍息。

动作要点:控制好行进的速度及节奏;停止后,听到"稍息"的口令,先自行对正、看齐,再稍息。

六、队形变换

队形变换,是由一种队形变为另一种队形的队列动作。

（一）班横队与班纵队互换

班横队与班纵队互换时的队列动作，分为停止间和行进间时的动作。

停止间口令：向右——转；向左——转。

行进间口令：向右转——走；向左转——走。

动作要领：班横队与班纵队互换时，停止间，按照单个军人向右（左）转的要领实施；行进间，按照单个军人向右（左）转走的要领实施。

动作要点：指挥员距离排头兵 3～5 步，并对正本班；实施变换时，全班动作协调一致。

（二）班横队与班二列横队互换

班横队与班二列横队互换是班横队与班二列横队互换时的队列动作。

1. 班横队变班二列横队

口令：成班二列横队——走。

动作要领：变换前，先报数。听到"成班二列横队——走"的口令后，双数士兵左脚后退 1 步，右脚（不靠拢左脚）向右跨 1 步，左脚向右脚靠拢，站到单数士兵后面，自行对正、看齐，恢复立正姿势。

2. 班二列横队变班横队

口令：间隔 1 步，向左离开，成班横队——走。

动作要领：听到"间隔 1 步，向左离开"的口令后，取好间隔，听到"成班横队——走"的口令后，双数士兵左脚左跨 1 步，右脚（不靠拢左脚）向前 1 步，左脚向右脚靠拢，站到单数士兵左侧，自行看齐，恢复立正姿势。

动作要点：每名士兵应记清自己的序号，在后退和跨步时上体保持立正姿势。

（三）班纵队与班二路纵队互换

班纵队与班二路纵队互换是班纵队与班二路纵队互换时的队列动作。

1. 班纵队变班二路纵队

口令：成班二路纵队——走。

动作要领：变换前，先报数。听到"成班二路纵队——走"的口令后，双数士兵右脚右跨 1 步，左脚（不靠拢右脚）向前 1 步，右脚向左脚靠拢，站到单数士兵右侧，自行对正。

2. 班二路纵队变班纵队

口令：距离 2 步，向后离开，成班纵队——走。

动作要领：听到"距离 2 步，向后离开"的口令后，取好距离，听到"成班纵队——走"的口令后，双数士兵右脚后退 1 步，左脚（不靠拢右脚）向左 1 步，右脚向左脚靠拢，站到单数士兵后面，自行对正。

动作要点：队形变换要迅速，位置要找准；跨步并脚时脚掌不落地；变换时队列动作节奏分明。

七、方向变换

方向变换，是改变队列面对方向的一种队列动作。班的方向变换，分为班横队方向变换和班纵队方向变换两种。

（一）班横队方向变换

班横队方向变换是班横队改变队列面对方向的一种队列动作，分为停止间和行进间时的动作。

停止间通常是左（右）转弯或者左（右）后转弯，必要时可以向后转。

停止间口令：左（右）转弯，齐（跑）步——走或者左（右）后转弯，齐（跑）步——走。当需要向后转走时，应当先下达"向后——转"的口令，待方向变换后，再下达"齐（跑）步——走"的口令。

行进间口令：左（右）转弯——走或者左（右）后转弯——走。

动作要领：班横队方向变换时，轴翼士兵踏步，并逐渐向左（右）转动，外翼第一名士兵用大步行进并同相邻士兵动作协调，逐步变换方向（愈接近轴翼者，步幅愈小），其他士兵用余光向外翼取齐，并保持规定的间隔和排面整齐，转到90度或者180度时踏步并取齐，听口令前进或者停止。

动作要点：轴翼慢慢转，外翼大步跟。

（二）班纵队方向变换

班纵队方向变换是班纵队改变队列面对方向的一种队列动作，分为停止间和行进间时的动作。

停止间，通常是左（右）转弯或者左（右）后转弯，必要时可以向后转。

停止间口令：左（右）转弯，齐（跑）步——走或者左（右）后转弯，齐（跑）步——走；向后——转，齐（跑）步——走（按照横队向后转走的方法实施）。

行进间口令：左（右）转弯——走或者左（右）后转弯——走。

动作要领：班纵队方向变换时，基准兵在左（右）转弯时，按照单个军人行进间转法（停止间，左转弯走时，左脚先向前1步）的要领实施，在左（右）后转弯时，用小步边行进边变换方向，转到90度或者180度后，直线前进，其他士兵逐次进到基准兵转弯处，转向新方向跟进。

动作要点：向前行进对正走直线，其他士兵进到转弯处，不走捷径不画弧。

附录 2-A 队列术语

队形：军人、部队（分队）共同行动时，按条令规定所采取的队列形式。

列：军人在一条直线上，左右排列成的队形。

路：军人在一条直线上，前后排列成的队形。

伍：成数列横队时，前后排列的军人称为伍。

间隔：左右相邻军人（分队、车辆等）之间的空隙。

距离：前后军人（分队、车辆等）之间的空隙。

横队：按列排成的队形称为横队。横队可以分为一列横队、二列横队、三列横队，也可以根据实际需要确定。

纵队：按路排成的队形称为纵队。纵队可以分为一路纵队、二路纵队、三路纵队和四路以上的纵队。

基准兵（基准分队、基准车辆）：按规定站在排头或指挥员指定的军人（分队、车辆）。

翼：队列的两端。左端为左翼，右端为右翼。

轴翼：分队行进变换方向时，处于转弯内侧的一翼称为轴翼。左转弯、左后转弯时，轴翼在各列左端；右转弯、右后转弯时，轴翼在各列右端。

步幅：一步的长度（后脚脚尖至前脚脚尖的距离）。

步速：单位时间行进的步数。

附录 2-B 报告词示例

报告词应当简明、扼要，其内容通常包括报告单位、正在进行的工作或者活动、报告人的职务和姓名（向直接首长报告时不报告报告人的职务和姓名）等。示例如下。

一、向直接首长报告

中队（连）在进行队列训练时，中队长（连长）向大队长（营长）的报告词为"大队长（营长）同志，× 中队（连）正在进行队列训练，请指示"。

中队（连）出早操时，排长向中队（连）值班员的报告词为"值班员同志，× 排应到 ×× 名，实到 ×× 名，请指示"。值班员向中队长（连长）的报告词为"中队长（连长）同志，全中队（连）应到 ×× 名，实到 ×× 名，请指示"。

支队（团）接受总队司令员（师长）检阅时，支队长（团长）向总队司令员（师长）的报告词为"司令员（师长）同志，×支队（团）列队完毕，请您检阅"。

大队长（营长）进见支队长（团长）时的报告词为"支队长（团长）同志，我有事向您报告"。

二、向非直接首长报告

中队（连）在进行队列训练时，中队长（连长）向总队司令员（师长）的报告词为"司令员（师长）同志，×支队（团）×大队（营）×中队（连）正在进行队列训练，请指示，中队长（连长）×××"。

中队（连）参加支队（团）会操时，中队长（连长）向支队长（团长）的报告词为"支队长（团长）同志，×中队（连）应到 ×× 名，实到 ×× 名，请指示，中队长（连长）×××"。

支队长（团长）到排里看望士兵时，排长向支队长（团长）的报告词为"支队长（团长）同志，×中队（连）× 排正在自习，请指示，排长 ×××"。

中队（连）在进行队列训练时，中队长（连长）向不知其职务的首长的报告词为"上校同志，×大队（营）× 中队（连）正在进行队列训练，请指示，中队长（连长）×××"。

附录 2-C 单个军人队列动作顺口溜

（一）军姿

军人军姿要练棒，举止美观又大方。

挺腿挺胸再挺颈，精神抖擞在眼睛。

（二）立正

脚跟对齐脚尖分,两腿挺直裆夹紧。
小腹微收胸上顶,两臂下垂原手型。
颈要直来头要正,目视前方视线平。

（三）跨立

1

军姿端正,两肩微向后张;两手后背,右腕位于左掌。
拇指根部,对正腰带下方;左脚外跨,分离一脚之长。
身体重心,落于两脚中央;胸向上挺,眼睛目视前方。

2

左脚左跨与肩宽,重心落在两腿间。
两手迅速把手背,左握右腕位置对。
上体正直微挺胸,目视前方视线平。

（四）稍息

1

上体平正要稳固,左脚顺着脚尖出。
身体重心落右脚,大半脚距最适度。
收脚左腿稍用力,两个脚跟要靠齐。

2

听到口令左脚动,顺着脚尖向前行。
三分之二自然停,右脚大部支体重。
上体正直微前倾,自动换脚不变形。

（五）停止间转法

1

脚跟为轴,掌画弧度;另一脚掌,乃用力处。
两腿挺直,上体稳固;脚取捷径,猛力靠住。

2

脚跟为轴脚掌转,上下一体方向变。
两腿挺直裆夹紧,捷径靠脚上体稳。

（六）齐步

1

脚跟先着地,脚踝稍用力。
膝盖向后压,身体向前移。

2

脚跟着地上体跟,每步七十五公分。
两脚内侧走一线,行进速度不改变。
前后摆臂要定型,腿臂协调视线平。

(七)正步

1

身体上顶微前倾,后腿挺直军姿正。
踢腿小腿带大腿,脚尖下压脚面绷。
正直着地不变形,75厘米在其中。

2

手距身体10厘米,手腕对正衣扣线。
快速踢腿脚面绷,全脚着地用力重。
踢腿摆臂要协调,步速步幅控制好。

(八)跑步

预令握拳提腰际,肘向后张上体直。
动令屈腿倾上体,右脚后蹬要用力。
每步一定要跃出,步幅大约八十五。
摆臂手肘两不露,脚掌着地交替行。
立定腿直上体顶,用力靠脚军姿正。

(九)敬礼

取捷径抬手要快,手心向下稍向外。
中指定位腕伸直,大臂略平与肩齐。

(十)礼毕

礼毕放手取捷径,先放手来肘不动。
右臂伸直定位快,军人姿态要端正。

附录 2-D 口令的分类、下达口令的基本要领和呼号的节奏

一、口令的分类

口令,是队列训练和日常列队时指挥员下达的口头命令。根据下达方法的不同,口令可以分为以下四种。

(1) 短促口令。其特点是:只有动令,不论几个字,中间不拖音、不停顿,通常按照音节(字数)平均分配时间,有时最后一个字稍长,发音短促有力。例如:"停""报数""放背包""验枪完毕""整理着装"等。

(2) 断续口令。其特点是:预令和动令之间有停顿(微歇)。例如:"第 × 名,出列"等。

(3) 连续口令。连续口令由预令和动令组成,其特点是:预令的拖音与动令相连,有时预令与动令之间有停顿。预令拖音稍长,其长短视部(分)队大小而定,动令短促有力。例如:"立——定""向右——转""向前——对正"等。有的连续口令,预令和动令都有拖音。例如:"向军旗——敬礼——"等。

(4) 复合口令。复合口令兼有断续口令和连续口令的特点。例如:"以×××为准,向中看——齐""右后转弯,齐步——走"等。

二、下达口令的基本要领

(1) 发音部位要正确。下达口令用胸音或者腹音。胸音多用于下达短促口令,腹音(由小腹向上提气的丹田音)多用于下达带拖音的口令。

(2) 掌握好音节。下达口令要有节拍,预令、动令和停顿要有明显的节奏,使队列人员能够听得清楚。

(3) 注意音色,且音量不要平均分配。下达口令一般起音要低,由低向高拔音。例如,"向右看——齐","齐"字发音要高。

(4) 突出主音。下达口令时,要把重点字的音量加大。例如:"向后——转"要突出"后"字;"向前 × 步——走"要突出数字。

三、呼号的节奏

一〇	二〇	三〇	四〇
一二	三〇	四〇	〇〇
一二	〇〇	三四	〇〇
一〇	二〇	三四	〇〇

第三章 擒敌术基础动作

擒敌术是将拳击、散打、搏击、摔跤等融为一体,综合运用踢、打、摔、擒等动作制敌的徒手格斗术。

第一节 擒敌术基本常识

了解人体的主要关节与要害部位,练习基本手型与步型,是擒敌术训练的基础。

一、人体的主要关节与要害部位

(一)人体的主要关节

人体骨与骨连接的部位称为关节,它在人体中起着连接骨骼的作用,它能使身体做出转、展、旋、屈、翻等多种不同的动作。关节在受到超过生理限度的压迫、击打、拧转、扳压时,会造成脱臼、骨折或韧带撕裂等情况,从而使关节失去原有的活动能力。根据部位和运动方式、幅度的不同,关节可以分为很多种。

1. 颈椎

颈椎是连接躯干和头颅的主要关节,它能前屈、后伸、左右转动。用力扳拧颈椎,很容易造成颈椎骨折、脱位,从而压迫脊神经,引起四肢麻痹、高位截瘫。颈椎示意图如图3-1所示。

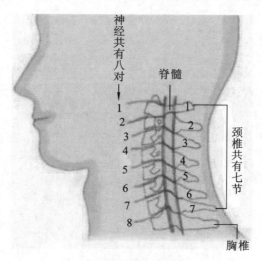

图3-1 颈椎示意图

2. 肩关节

肩关节是人体关节中活动范围最大、最不稳固的关节,由肩胛盂衔接肱骨头而成。肩关节处有多条韧带加固，可以内屈、外展、前后旋转。用力扳拧肩关节，会造成肩关节脱臼，使人疼痛难忍。肩关节活动示意图如图3-2所示。

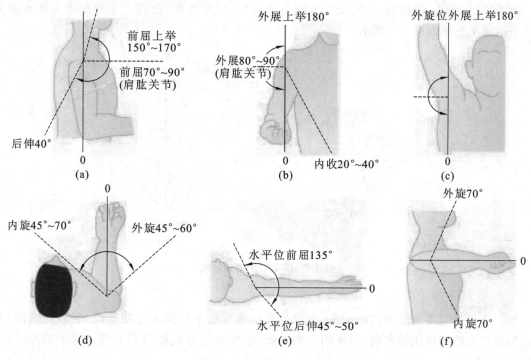

图 3-2　肩关节活动示意图

3. 肘关节

肘关节由肱尺关节、肱桡关节和桡尺关节组成，其活动范围较小，是一个比较脆弱的关节。它只能屈伸和旋转。用力压迫肘关节，会造成肘关节脱臼或韧带、肌肉撕裂。肘关节活动示意图如图3-3所示。

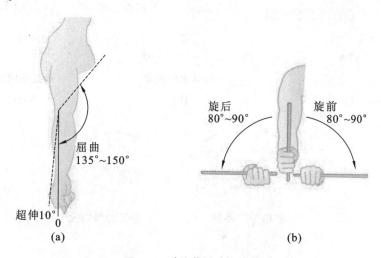

图 3-3　肘关节活动示意图

4. 腕关节

腕关节的活动范围比较大。但由于加固腕关节的韧带较薄弱,所以限制了腕关节的活动幅度。用力后折、内扭、扳拧腕关节,会造成腕关节脱位,韧带撕裂,使腕关节完全失去活动能力。腕关节活动示意图如图3-4所示。

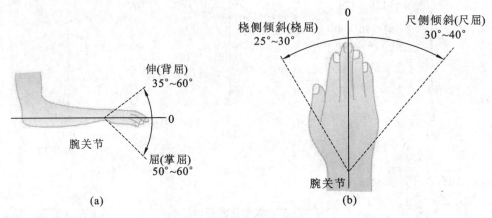

图3-4 腕关节活动示意图

5. 指关节

指关节包括掌指关节和指间关节,指间关节由两节短小的指骨连接而成,它只能弯曲和伸直。指关节处的韧带比较薄弱,如果用力向后扳压,很容易造成脱臼和骨折。指关节活动示意图如图3-5所示。

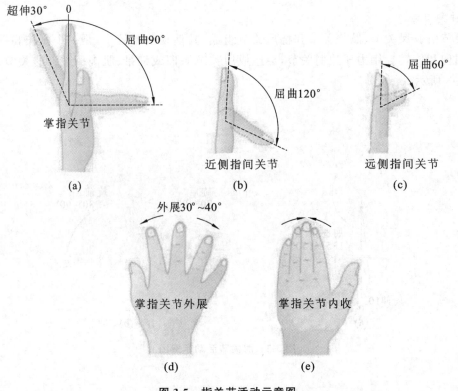

图3-5 指关节活动示意图

6. 膝关节

膝关节由胫骨、腓骨、髌骨、半月板和股骨连接而成,是下肢的主要关节。膝关节只能屈伸和做小幅度的旋转。膝关节活动示意图如图3-6所示。

7. 踝关节

踝关节由胫骨、腓骨、跟骨、距骨等连接而成。它可以内收、外展和旋转等,但由于此处没有丰富的肌肉,所以很容易受伤。用力扳拧脚掌,会造成踝关节脱臼,韧带撕裂,使踝关节丧失活动能力。踝关节示意图如图3-7所示。

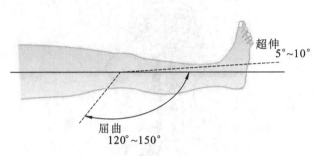

图3-6 膝关节活动示意图

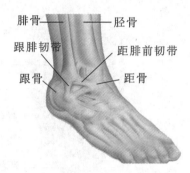

图3-7 踝关节示意图

(二) 人体的要害部位

人体的要害部位是指人体受到外力击打时,会出现剧痛、昏迷,甚至死亡的生理部位。在搏击训练和实战中,要特别注意这些部位,在加强自身防护的同时,要有效地运用其特点制服敌人。

1. 头部

头部有人的五官和脑部,每个部位都非常脆弱,对头部进行击打,可以造成重创。

(1) 翼点。翼点也叫翼区,俗称太阳穴,位于眼的后外侧略上方(见图3-8)。人的头骨大部分都比较坚硬,但翼点处骨质脆弱,受重力击打后易发生骨折,引起颅内硬膜外血肿,重者会造成失语、昏迷,甚至死亡。对翼点的击打可采用摆拳。

(2) 眼。眼是人的视觉器官。当眼受到外力击打时,经过眼心反射会造成心跳减慢、血压下降,甚至心跳骤停。当眼被插入性的点状暴力攻击时,易造成出血或失明。对眼的击打多采用直拳。

(3) 鼻。鼻位于面部中央,内有丰富的血管。鼻骨比较脆弱,因此鼻受到外力击打时,易发生骨折和出血,且出血比较凶猛,重者还会造成脑震荡。对鼻的击打可采用直拳、横踢等。

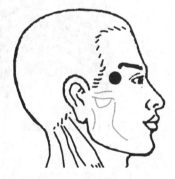

图3-8 翼点示意图

(4) 耳。耳是人的听觉器官。外耳受到暴力击打时,会引起眩晕、站立不稳和跌倒。对耳的击打可采用摆拳、双手拍击等。

(5) 下颌。下颌位于面部的下三分之一。下颌骨较硬,但存在多处薄弱环节,受到外力击打时,易发生骨折。对下颌的击打可采用摆拳、肘击、顶膝、横踢等。

2. 颈部

颈部是人的头部和躯干相连接的部位，可以击打的部位包括喉、颈动脉和颈椎。

喉位于颈前部，是人的呼吸通道和发声器官（见图3-9）。对喉部进行击打可造成呼吸不畅，重者会造成窒息。对喉部的攻击可采用砍掌和锁喉。

颈动脉位于颈的两侧，左右各一，是向脑部输送血液的通道（见图3-10）。压迫双侧颈动脉，可迅速、有效地减少脑血流量，时间延长，可引起昏迷和严重的脑损伤。对颈动脉的攻击可采用双掌砍击等。

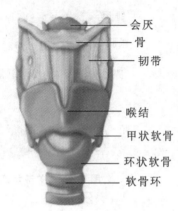

图3-9 喉部示意图

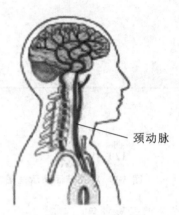

图3-10 颈动脉示意图

3. 胸部

胸部有心脏这一重要器官。胸部在受到骤然的暴力作用时，易造成血压下降、心跳减慢、心跳骤停。心肌挫伤会引起剧痛、心慌气短、心律失常，重者会引起死亡。对胸部的攻击方法主要有拳击、肘击、正蹬腿。

4. 肋部

肋部主要是肋骨，共有12对（见图3-11）。肋部受到外力击打时，极易发生骨折，骨折断端可能会刺破胸膜和肺组织，造成呼吸困难。对肋部的攻击方法主要有勾拳、顶膝、横踢等。

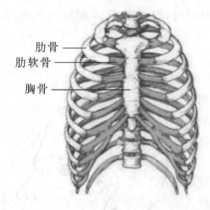

图3-11 肋部示意图

5. 腹部

腹部可分为上腹部和下腹部。

上腹部有胃、十二指肠等。击打力量重可引起疼痛性休克、血压下降、心跳骤停，击打力量轻可引起呕吐。常用的击打方法有勾拳和顶膝。

下腹部主要有肝脏和脾脏。击打力量重可导致肝脏和脾脏挫伤、破裂、出血，引起昏迷和死亡。击打方法主要有勾拳和顶膝。

6. 腰部

腰部主要是肾脏，左右各一。肾脏紧贴腹部后壁，位置较浅。肾脏质地脆弱，在钝性暴力的击打下，易造成肾脏挫伤、破裂和出血，引起剧痛和死亡。攻击方法主要有踢击和勾拳。

7. 裆部

裆部的神经系统比较敏感,击打力量轻即可引起剧痛,击打力量重可引起出血、肿胀,造成疼痛性休克。对裆部的击打简单、有效,可采用踢击等方法。

二、基本手型与步型

（一）基本手型

在格斗中将手做出某种固定的形状称为手型,如拳、掌、爪等。

1. 拳

四指并拢蜷握,拇指紧扣在食指、中指的第二节上,拳面平,手腕挺直。拳分为拳峰、拳面、拳背、拳眼、拳心、拳轮等(见图 3-12 和图 3-13)。在格斗中一般用拳峰、拳面、拳背、拳轮击打对手的要害部位。

2. 掌

1) 立掌

立掌又称为柳叶掌。四指并拢伸直,拇指弯曲紧贴于虎口处。立掌分为掌背、掌指、掌外沿、掌心、掌根等(见图 3-14)。在格斗中一般用掌外沿、掌根击打对手的要害部位。

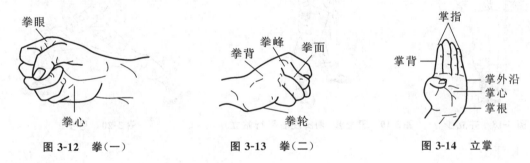

图 3-12　拳（一）　　　图 3-13　拳（二）　　　图 3-14　立掌

2) 八字掌

四指并拢伸直,拇指外展,虎口张开成"八"字(见图 3-15)。在格斗中主要用虎口按、压对手的要害部位。

3) 横掌

四指并拢伸直,拇指紧扣于虎口处,掌心向下,掌外沿向前,手腕内扣(见图 3-16)。在格斗中主要用掌外沿横砍、横切、横推对手的要害部位。

3. 爪

五指弯曲,四指并拢,拇指分开,爪心向下(见图 3-17)。爪主要用于抓握对手的手腕、肘关节、肩等部位。

图 3-15　八字掌　　　图 3-16　横掌　　　图 3-17　爪

(二)基本步型

1. 并立步

身体自然直立,两腿、两脚自然并拢,两臂自然下垂,眼睛平视前方(见图3-18)。

2. 开立步

开立步有两种:①两脚左右平行站立(见图3-19);②两脚前后站立。第二种开立步的动作要领如下:左脚向左前上步,脚尖内扣45度,右脚尖外摆与正前方成45度,两脚之间的距离约与肩同宽,两膝微屈,重心落于两脚之间。

3. 弓步

左脚向前一步,左腿屈膝90度,上体正直,双手握拳于腰际,右腿挺直,重心落于两腿之间(见图3-20)。

图3-18 并立步　　图3-19 开立步(两脚左右平行站立)　　图3-20 弓步

4. 马步

两脚左右分开,距离大于肩宽,两脚尖微内扣,两腿屈膝半蹲,重心落于两腿之间(见图3-21)。

5. 骑龙步

两脚前后开立,约与肩同宽,两脚尖内扣,膝盖指向脚尖方向,收腹含胸,屈膝下蹲,重心落于两腿之间(见图3-22)。

图3-21 马步　　图3-22 骑龙步

第二节 格斗势与步法

正确的格斗势与步法是进行有效攻击和严密防守的基础。基本要求是能向任何方向快速移动和躲闪;能快速实施攻击;能保持正确的防守姿态,以缩小暴露面,增大防守面。

一、格斗势

格斗势是进行擒敌术训练,与敌人格斗的基本姿势。

口令:准备格斗,停。

动作要领:在自然站立的基础上(见图3-23),右脚向右后方撤步,两脚打开,约与肩同宽,两脚尖微内扣,膝盖指向脚尖方向,收腹含胸,屈膝下蹲,重心落于两腿之间。在撤步的同时,两手握拳上抬与肩同高,大臂自然下垂,左臂弯曲约成90度,右拳置于右肩前,下颌微收,目视前方(见图3-24)。

图3-23 自然站立　　图3-24 格斗势

动作要点如下。

(1) 两脚打开,距离要适当,重心在两腿之间。

(2) 膝盖微屈,保持弹性,便于进攻和防守。

练习方法如下。

(1) 体会练习:主要是体会动作路线。

(2) 模仿练习:通过模仿教练员的动作,进一步熟悉和掌握动作要领。

(3) 分解练习:将动作按照先后顺序分解为撤步提拳、收拳和靠脚放臂三步进行练习。

(4) 连贯练习:在分解练习的基础上,教练员根据新战士掌握动作要领的程度,适时开展连贯动作的练习。

易犯的错误及纠正方法如下。

(1) 身体方向不正确。纠正方法为:在训练场地上画脚印,解决身体方向问题。

(2) 身体不够放松,有耸肩现象。纠正方法为:在格斗势的基础上尽力耸肩后完全放下,解决耸肩问题。

(3) 提拳路线不正确。纠正方法为:强调以提拳带动大、小臂上抬,对照镜子反复进行纠正,解决提拳路线问题。

二、步法

步法是根据格斗的需要,在步型的基础上前进、后退等,从而与敌人保持一定距离的方法。步法在格斗中非常重要。拳谚云:"技击步为先。"这说明在格斗中,在运用攻击、防守动作时,步法是先导。步法对于自身重心的稳固、身法的运用等起着关键的作用。

(一)前进步

口令:前进步,1,2……

动作要领:在格斗势的基础上,右脚掌蹬地发力,左脚向前上半步,然后右脚快速跟半步,上体姿势不变(见图3-25)。

(二)后退步

口令:后退步,1,2……

动作要领:在格斗势的基础上,左脚掌蹬地发力,右脚向后退半步,重心落于右脚,然后左脚向后退半步,上体姿势不变(见图3-26)。

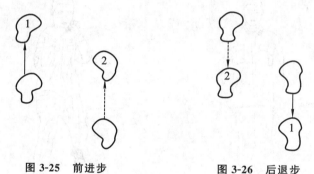

图3-25 前进步　　　　　图3-26 后退步

(三)左闪步

口令:左闪步,1,2……

动作要领:在格斗势的基础上,右脚掌蹬地发力,左脚向左前上步,然后右脚向左侧前跟步,上体微向右转(见图3-27)。

(四)右闪步

口令:右闪步,1,2……

动作要领:在格斗势的基础上,右脚掌蹬地发力,向右前上步,然后左脚向右侧前上步,上体微向左转(见图3-28)。

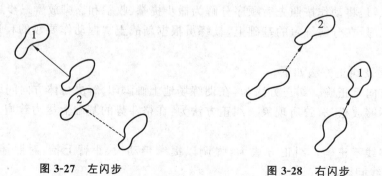

图3-27 左闪步　　　　　图3-28 右闪步

动作要点如下。
(1) 脚移动快速、灵活。
(2) 脚移动时,上体姿势不变,身体重心不要有大的起伏。
(3) 双脚不能同时离地。
(4) 动作协调、连贯,躲闪及时,蹬地有力。
练习方法如下。
(1) 体会练习:重点体会运动路线和左、右脚发力的顺序。
(2) 辅助练习:通过在场地上画线,练习左、右脚移动的位置和距离。
(3) 分组练习:两人一组,通过摸肩的方式,进行攻防练习,提高移动速度。
易犯的错误及纠正方法如下。
(1) 身体重心不稳。纠正方法为:身体重心随脚前后水平移动。
(2) 移动速度慢。纠正方法为:辅助者用直线腿法进攻,培养受训者的躲闪意识。
(3) 躲闪幅度过大。纠正方法为:在训练场地上画脚印,解决躲闪幅度问题。

第三节 攻击动作

在格斗中,攻击动作有很多种,但军警格斗攻击动作追求的是简练、实用,在此我们选取部分动作进行介绍,主要是"三拳四腿,一肘一膝",即直拳、摆拳、勾拳、弹踢腿、横踢腿、正蹬腿、侧踹腿、横击肘和顶膝。

一、拳法

(一) 直拳

直拳属于直线攻击拳法,主要用于击打对手的面部和下颌,具有击打快速、便于掌握的特点。一般,前手直拳求快,后手直拳求重。

1. 右直拳

口令:右直拳,1,2……

动作要领:在格斗势的基础上,右脚掌蹬地发力,身体以腰为纵轴左转,右肩向前顶出右臂,右拳旋转冲出,拳面向前,拳心向下,左拳回收防护下颌,目视攻击方向(见图3-29)。拳击打到位后,右肘自然下沉回收,身体回位成格斗势。

2. 左直拳

口令:左直拳,1,2……

动作要领:在格斗势的基础上,右脚掌蹬地发力,身体以腰为纵轴右转,左肩向前顶出左臂,左拳快速冲出,拳面向前,拳心向下,右拳回收防护下颌,目视攻击方向(见图3-30)。拳击打到位后,左肘自然下沉回收,身体回位成格斗势。

动作要点如下。
(1) 直拳的发力要以蹬地转体为基础,出拳要与身体的转动相结合。
(2) 出拳时切忌抬肘,出拳方向应当与受击打面垂直。
易犯的错误及纠正方法如下。
(1) 身体上下不能协调一致。纠正方法为:在格斗势的基础上不打拳做转体运动,解决身体的一致性问题。

(2)攻击路线不对。纠正方法为:由辅助者牵引受训者直线攻击,或对着镜子由慢到快反复练习。

图3-29　右直拳　　　　　　图3-30　左直拳

(二)摆拳

摆拳属于弧线攻击拳法,主要用于攻击对手的下颌和头部两侧,具有力量大、杀伤力强的特点。

1. 右摆拳

口令:右摆拳,1,2……

动作要领:在格斗势的基础上,右脚掌蹬地发力,快速向左转髋、转腰,身体左转,右拳向右前方伸出,拳心向下,微向外翻,然后借助转体的力量,右大臂快速里合,以拳峰食指、中指关节击打目标,左拳回收防护下颌,目视攻击方向(见图3-31)。右肘关节的角度为120~130度,击打过身体中线后沉肘收拳,身体回位成格斗势。

2. 左摆拳

口令:左摆拳,1,2……

动作要领:在格斗势的基础上,身体重心微向左压,然后左脚快速蹬地发力,向右转髋、转腰,身体右转,左拳向左前方伸出,拳心向下,微向外翻,借助转体的力量,左大臂快速里合,以拳峰食指、中指关节击打目标,右拳回收防护下颌,目视攻击方向(见图3-32)。左肘关节的角度为120~130度,击打过身体中线后沉肘收拳,身体回位成格斗势。

图3-31　右摆拳　　　　　　图3-32　左摆拳

动作要点如下。
(1) 摆拳击打要借助转体的力量,大臂的摆动要与转体相结合。
(2) 肘关节的角度要根据离目标的距离调整,不要抬肘过高。
(3) 身体重心要稳。
易犯的错误及纠正方法如下。
(1) 攻击路线不正确,有捞拳和上下起伏现象。纠正方法为:由慢到快反复体会攻击路线、转体时机与臂外张时机。
(2) 攻击前预兆太明显,转体幅度过大,重心不稳。纠正方法为:采用定位练习、以拳靶限制击打幅度等方法控制转体。

(三) 勾拳

勾拳属于近身攻击拳法,主要用于击打对手的腹部、肋部和下颌。勾拳具有力量大、速度快、不易防守的特点。

1. 右勾拳

口令:右勾拳,1,2……

动作要领:在格斗势的基础上,身体微右转,身体重心右移,右拳下降至与腰部同高,右脚蹬地转体的同时,借助转体的力量,右拳由下向左上方勾击,肘关节的角度约为90度,着力点在拳面,左拳回收防护下颌,目视攻击方向(见图3-33)。拳击打到与下颌同高后回收,恢复格斗势。

2. 左勾拳

口令:左勾拳,1,2……

动作要领:在格斗势的基础上,身体微左转,身体重心左移,左拳下降至与腰部同高,然后左脚快速蹬地,身体右转,左拳由下向右上方勾击,肘关节的角度约为90度,着力点在拳面,右拳回收防护下颌,目视攻击方向(见图3-34)。拳击打到与下颌同高后回收,恢复格斗势。

图 3-33　右勾拳　　　　图 3-34　左勾拳

动作要点如下。
(1) 攻击路线要和转体发力的方向基本保持一致。
(2) 拳下降不要低于腰部,击打时肩关节要灵活,发力短促有力。
易犯的错误及纠正方法如下。
(1) 攻击时肘关节的角度过大,形成捞拳。纠正方法为:攻击前手臂轻贴身体,攻击时,肘关节的角度约为90度。

(2) 以身带拳的力量不够。纠正方法为：反复练习重心下降与挺身带拳动作。

二、腿法

腿法具有攻击力量大、攻击距离远的特点。但腿法一般运行时间较长，对手有反应的时间，且部分腿法对身体的柔韧性有较高要求，所以在擒敌术训练中应提倡练习简单、实用、快速的腿法，不提倡过多地练习高难度的腿法。

（一）弹踢腿

弹踢腿主要用于攻击对手的裆部和下颌，在练习弹踢腿时应注重速度和准确度。

1. 右弹踢腿

口令：右弹踢，1，2……

动作要领：在格斗势的基础上，右腿迅速屈膝前顶，左脚跟向前拧转，左手防护下颌，右手下摆保持平衡，待膝关节运行至与大腿同高后[见图3-35(a)]，借助屈膝前顶的力量，右小腿迅速向前上方踢击，脚尖绷直，着力点在脚背[见图3-35(b)]，右腿踢直后迅速屈膝回收，向前落步，左脚上步成格斗势。

2. 左弹踢腿

口令：左弹踢，1，2……

动作要领：在格斗势的基础上，右脚在左脚后垫步，左腿迅速屈膝前顶，待膝关节运行至与大腿同高后[见图3-36(a)]，借助屈膝前顶的力量，左小腿迅速向前上方踢击，脚尖绷直，着力点在脚背，右手防护下颌，左手下摆保持平衡[见图3-36(b)]，左腿踢直后迅速屈膝回收，向前落步成格斗势。

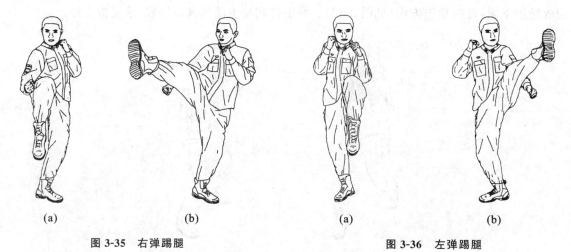

(a)   (b)   (a)   (b)

图 3-35　右弹踢腿　　　　　图 3-36　左弹踢腿

动作要点如下。

(1) 攻击时要待膝关节抬到位后，小腿再向前上方踢击。

(2) 踢击时，髋关节要适度前送，踢击完成后回收。

(3) 发力要顺畅，击打过程中不要有停顿。

易犯的错误及纠正方法如下。

(1) 垫步起脚慢，出现走步、交叉步等现象。纠正方法为：反复练习垫步提膝上抬动作。

(2) 提膝上抬、小腿内收不到位，踢击时，送胯不够。纠正方法为：设置踢击目标，对着镜子反复练习，不断地自我纠正。

（二）横踢腿

横踢腿是一种弧线攻击腿法，主要用于击打对手的膝关节、肋部、头部。在训练中可按照由低到高的顺序进行练习。

1. 右横踢腿

口令：右横踢，1，2……

动作要领：在格斗势的基础上，右腿迅速屈膝前顶，同时左脚跟向前拧转，髋关节内扣，使右小腿略成水平，左手防护下颌，右手后摆保持平衡[见图3-37(a)]，借助屈膝前顶和扣髋的力量，右小腿向左侧横踢，脚尖绷直，着力点在脚背[见图3-37(b)]，完成踢击后右小腿回收，向前落步，左脚上步成格斗势。

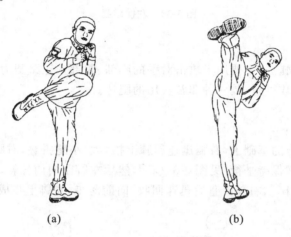

图3-37 右横踢腿

2. 左横踢腿

口令：左横踢，1，2……

动作要领：在格斗势的基础上，右脚垫步，左腿迅速屈膝前顶，同时右脚跟向前拧转，髋关节内扣，使左小腿略成水平，右手防护下颌，左手后摆保持平衡[见图3-38(a)]，借助屈膝前顶和扣髋的力量，左小腿向右侧横踢，脚尖绷直，着力点在脚背[见图3-38(b)]，完成踢击后左小腿回收，向前落步成格斗势。

动作要点如下。

(1) 顶膝到位后髋关节要迅速内扣，支撑脚要配合转动。

(2) 踢击时要借助转腰的力量。

(3) 踢击时要快打、快收，着力点要准确。

(4) 左横踢起腿快，弹击快；右横踢大腿抢摆，小腿弹击连贯、迅猛。

易犯的错误及纠正方法如下。

(1) 垫步起脚慢，出现走步、交叉步等现象。纠正方法为：反复练习垫步屈膝动作。

(2) 大腿抢摆、小腿弹击动作不正确，有甩腿现象。纠正方法为：由慢到快体会踢击时的大腿抢摆、小腿弹击动作。

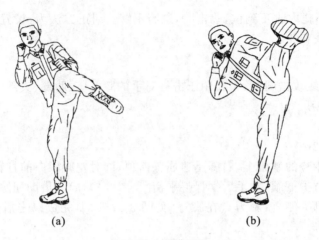

图 3-38　左横踢腿

（三）正蹬腿

正蹬腿是直线攻击腿法，主要用于攻击对手的胸部、腹部。正蹬腿力量大，对身体的柔韧性要求不高，便于掌握，可攻可防，是一种非常实用的腿法。

1. 右正蹬腿

口令：右正蹬，1,2……

动作要领：在格斗势的基础上，右腿迅速屈膝上抬，大、小腿折叠，右脚抬起向前，脚尖回勾，左手防护下颌，右手下摆保持平衡［见图 3-39(a)］，然后左脚跟向前拧转，右腿猛力向前蹬出，着力点在脚掌［见图 3-39(b)］，右腿蹬直后迅速回收，向前落步，左脚上步成格斗势。

图 3-39　右正蹬腿

2. 左正蹬腿

口令：左正蹬，1,2……

动作要领：在格斗势的基础上，右脚垫步，右脚跟向前拧转，左腿迅速屈膝上抬，大、小腿折叠，左脚抬起向前，脚尖回勾，右手防护下颌，左手下摆保持平衡［见图 3-40(a)］，然后左腿猛力向前蹬出，着力点在脚掌［见图 3-40(b)］，左腿蹬直后迅速回收，向前落步成格斗势。

动作要点如下。

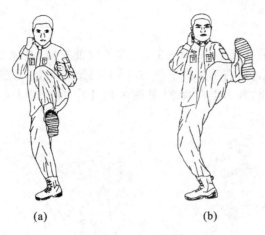

图 3-40　左正蹬腿

（1）提膝要快速、连贯，大、小腿折叠要紧。

（2）蹬腿时大腿带动小腿，髋关节要适度前送，以增加攻击距离和力度，收腿时髋关节要回收。

（3）攻击路线要向前，不要过分向上或向下。

易犯的错误及纠正方法如下。

（1）垫步起脚慢，出现走步、交叉步等现象。纠正方法为：反复练习垫步提膝上抬动作。

（2）蹬腿时，送胯不够。纠正方法为：设置攻击目标，练习时注意转体送胯。

（四）侧踹腿

侧踹腿也是一种直线攻击腿法。相比正蹬腿而言，侧踹腿的攻击距离更远，也更便于发力。侧踹腿主要用于攻击对手的躯干和头部。侧踹腿对身体的柔韧性要求较高。

1．右侧踹腿

口令：右侧踹，1，2……

动作要领：在格斗势的基础上，左脚跟向前拧转，身体向左转动，两眼目视攻击方向，右腿屈膝上抬，大、小腿折叠略成水平，右脚尖回勾对准目标，左手防护下颌，右手下摆保持平衡[见图 3-41（a）]，然后髋关节向前伸展，右腿猛力向前踹出，着力点在脚掌[见图 3-41（b）]，完成攻击后右腿迅速回收，向前落步，左脚上步成格斗势。

图 3-41　右侧踹腿

2. 左侧踹腿

口令：左侧踹,1,2……

动作要领：在格斗势的基础上,右脚垫步,右脚跟向前拧转,左腿屈膝上抬,大、小腿折叠略成水平,左脚尖回勾对准目标,右手防护下颌,左手下摆保持平衡[见图3-42(a)],然后髋关节向前伸展,左腿猛力向前踹出,着力点在脚掌[见图3-42(b)],完成攻击后左腿迅速回收,向前落步成格斗势。

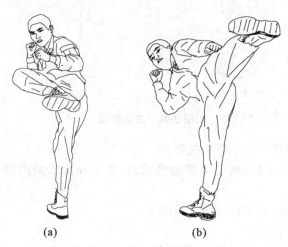

图3-42 左侧踹腿

动作要点如下。

(1) 提膝时大腿内收,大、小腿折叠要紧,脚要指向攻击方向。

(2) 踹腿时脚要直线向前攻击,不可走弧线或向下掉落。

(3) 完成攻击后要先收腿,再落步。

(4) 左侧踹提膝踹出快；右侧踹转体提膝踹出连贯、迅猛。

易犯的错误及纠正方法如下。

(1) 垫步起脚慢,出现走步、交叉步等现象。纠正方法为：反复训练垫步合髋扣膝动作。

(2) 扣膝不够,大、小腿夹角过大或过小,导致踹击路线不直。纠正方法为：由辅助者牵引脚直线踹出。

三、肘法

肘法具有力量大、杀伤力强的特点。但肘法的攻击距离短,需近身后才能有击打机会,所以运用肘法时要灵活。肘法主要有挑肘、顶肘和横击肘,在此主要介绍横击肘。

(一) 右横击肘

口令：右横击肘,1,2……

动作要领：在格斗势的基础上,身体左转,右大臂抬平与肩同高,大、小臂折叠,借助转体的力量,右大臂猛力向左横击,着力点在肘关节前侧,左手成掌以掌心轻贴右拳(见图3-43),击打过身体中线后,右臂回收,恢复格斗势。

(二) 左横击肘

口令：左横击肘,1,2……

动作要领：在格斗势的基础上，左脚上步，身体右转，左大臂抬平与肩同高，大、小臂折叠，借助转体的力量，左大臂猛力向右横击，着力点在肘关节前侧，右手成掌以掌心轻贴左拳（见图3-44），击打过身体中线后，左臂回收，恢复格斗势。

图3-43 右横击肘

图3-44 左横击肘

动作要点如下。
（1）攻击时要借助转体的力量。
（2）攻击路线要保持水平，肘关节不要向上翻转。
（3）转体挥肘猛，发力短促。
易犯的错误是转体挥肘不迅猛，纠正方法为由慢到快反复练习转体挥肘动作。

四、膝法

膝法也是一种近身攻击的技法，主要用于攻击对手的裆部、腹部等。膝法有前顶膝、横顶膝和撞膝等，在此主要以右顶膝为例介绍前顶膝。

口令：右顶膝，1，2……

动作要领：在格斗势的基础上，左脚跟向前拧转，右腿迅速屈膝前顶，髋关节向前伸展，大、小腿折叠，右脚尖绷直下压，左手防护下颌，右手下摆保持平衡，着力点在膝盖上方（见图3-45），然后髋关节回收，右脚向前落步，左脚上步成格斗势。

动作要点如下。
（1）顶膝时要向前上方发力，不要过分向上。
（2）大、小腿折叠要紧，攻击时膝盖在最前方。
（3）下拉上冲协调、迅猛，重心稳。
易犯的错误是下拉上冲不一致，送胯不够，纠正方法为由慢到快反复训练下拉上冲的一致性，强调送胯动作。

五、训练方法

（一）力量训练

力量训练主要采取引体向上、收腹举腿、仰卧起坐、负重蹲起、使用杠铃进行锻炼等方法。

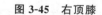
图3-45 右顶膝

进行力量训练时,应做到局部力量训练与整体力量训练相结合,防止训练的片面性,要科学安排和调整运动负荷,可采取强度大、重复次数少的方法进行练习。力量训练要与非力量训练或放松练习交替进行,以增加肌肉的弹性。力量训练要合理安排,通常每周不超过3次。

(二)速度训练

(1)移动速度训练:可腿系沙袋奔跑,也可按基本步法快速移动,以提高移动速度。

(2)击打速度训练:一是采取全身肌肉松紧互换训练的方法;二是采取负重训练的方法,如腿系沙袋空击或击打吊袋,以提高击打速度,增强爆发力。

(三)耐力训练

耐力训练主要采取长跑、长时间空击或击打吊袋等方法。空击或击打吊袋时,应选定击打动作组合,规定击打时间、组数、间歇时间等。例如,规定打左、右直拳1分钟,间歇1分钟,做3~5组。训练时,可根据受训者的体力情况,逐渐加大训练量,以达到增强耐力的目的。

在训练中,要针对实战对抗的特点和受训者的身体素质,尽可能进行专项耐力训练,同时,要注意培养受训者吃苦耐劳、坚忍不拔的意志品质。

(四)柔韧性训练

柔韧性训练主要采取竖叉、横叉、压腿、正踢腿、压髋、侧摆腿等方法。柔韧性训练要持之以恒,循序渐进,严禁强劈硬压。压腿、压髋前,要充分做好准备活动,避免肌肉、韧带拉伤。柔韧性训练要适度,要注意全面协调发展,防止过分发展柔韧性,造成关节和韧带变形。

第四节 防 守 动 作

防守动作是在格斗中运用各种方法化解对手的攻击,并迅速实施反击的技术和方法。防守的重点部位是面部、下颌、腹部、裆部,这些部位受到重力击打,将会严重削弱战斗力。防守可分为两大类:接触性防守和非接触性防守。

一、接触性防守

接触性防守是指运用肢体阻挡敌人的攻击的技法。接触性防守的方法有拍击、格挡和抄抱等。

(一)拍击

拍击,是指利用手掌阻挡敌人的攻击,使自身不受伤害或少受伤害的防守技法。

口令:左(右)拍击,1,2……

动作要领:在格斗势的基础上,敌出右(左)直拳攻击我面部,我上体稍向右(左)转的同时,左(右)手成掌向右(左)前侧拍击,两眼目视拍击方向,反击时可同时出直拳攻击敌面部(见图3-46和图3-47)。

动作要点如下。

(1)拍击迅速,重心稳,上体防守到位。

(2)转体、拍击、出拳协调,发力短促。

易犯的错误是重心不稳,上体后仰过多,纠正方法为加强训练,注意上体不宜移动过大,以刚能避开攻击锋芒为宜。

图 3-46　左拍击

图 3-47　右拍击

（二）格挡

格挡，是指利用手臂阻挡敌人的攻击，使自身不受伤害或少受伤害的防守技法。

口令：××格挡，1，2……

动作要领：在格斗势的基础上，左上格挡时，左臂上提，左拳置于距太阳穴约 10 厘米处，同时上体稍向左转，右拳防护下颌（见图 3-48）；右上格挡时，右臂上提，右拳置于距太阳穴约 10 厘米处，同时上体稍向右转，左拳防护下颌（见图 3-49）；左（右）下格挡时，左（右）臂外翻，向外、下格挡，右（左）拳置于下颌处，同时上体稍向左（右）转（见图 3-50 和图 3-51）。格挡时，着力点在小臂，两眼目视格挡方向。

图 3-48　左上格挡

图 3-49　右上格挡

动作要点为：格挡及时、准确、迅速，手臂触敌时肌肉绷紧。

易犯的错误及纠正方法如下。

（1）蹬地扣膝不顺畅，手臂发力不明显。纠正方法为：反复进行动作定型训练和实战训练。

（2）防守距离过大。纠正方法为：强调防守距离约为 20 厘米。

图 3-50　左下格挡

图 3-51　右下格挡

（三）抄抱

抄抱,是指快速利用左、右手阻挡敌人的攻击,并控制其关节的防守技法。

1. 左抄抱

口令:左抄抱,1,2……

动作要领:在格斗势的基础上,敌出右横踢腿击打我胸、腹部,我右脚上步,身体左转,左手下伸至腹前约 30 厘米处,掌心向上,右手成掌置于左胸前,掌心向外,接腿时,左手向上兜抄,右手向下扣抓,两臂合力抱紧敌脚踝或小腿(见图 3-52)。

2. 右抄抱

口令:右抄抱,1,2……

动作要领:在格斗势的基础上,敌出左横踢腿击打我胸、腹部,我左脚上步,身体右转,左手下伸至腹前约 30 厘米处,掌心向上,右手成掌置于右胸前,掌心向外,接腿时,左手向上兜抄,右手向下扣抓,两臂合力抱紧敌脚踝或小腿(见图 3-53)。

图 3-52　左抄抱

图 3-53　右抄抱

动作要点如下。

（1）抄抱时要主动近身,转体要及时。

（2）兜抄、扣抓要快、准。

（四）接触性防守的总体要求

（1）动作防守面要大，要立足于防一片，不要防一点。
（2）动作幅度要小，以利于防守和反击的转换。
（3）与敌攻击的肢体接触的瞬间，肌肉要绷紧，以增强抗击能力。

二、非接触性防守

非接触性防守是指不与敌攻击的肢体接触，而通过身体姿势的变化和步法的移动避开敌人的攻击的技法。

（一）非接触性防守技术

非接触性防守技术主要有左闪身（见图 3-54）、右闪身（见图 3-55）、后闪身（见图 3-56）和下潜躲闪（见图 3-57）。

图 3-54　左闪身

图 3-55　右闪身

图 3-56　后闪身

图 3-57　下潜躲闪

易犯的错误及纠正方法如下。
（1）身体不协调，躲闪幅度过大。纠正方法为：反复进行身体定位练习。
（2）转髋、转腰、转肩不协调。纠正方法为：由慢到快反复训练转髋、转腰、转肩的协调性。
（3）上体移动过大。纠正方法为：强调上体不宜移动过大。

(4) 低头。纠正方法为：做动作时强调始终目视前方。

(二) 非接触性防守的总体要求

(1) 时机要恰当，躲闪过早，敌人可以转移进攻，躲闪晚则会被击中。

(2) 躲闪时，身体要上下协调，上体要保持格斗势的基本姿势。

(3) 躲闪的距离，以刚能避开攻击锋芒，同时能迅速进行反击为宜。

(4) 重心要稳。

三、防守反击组合

防守反击组合是指将常用的防守技术与反击相结合进行练习，以提高身体的协调性和防守反击的能力。

(一) 格挡直拳

格挡直拳，是指在敌人攻击的瞬间实施格挡，同时进行直拳反击的技法。格挡直拳主要在敌从横向攻击我头部时采用。

口令：格挡直拳，1,2……

动作要领：在格斗势的基础上，左脚向左前方上步，左小臂向左上方格挡，同时右直拳向前击打（见图3-58），然后恢复格斗势；右脚向右前方上步，右小臂向右上方格挡，同时左直拳向前击打（见图3-59），然后恢复格斗势。两手依次交替练习。

图3-58　左格挡直拳　　　　图3-59　右格挡直拳

动作要点如下。

(1) 格挡时要控制幅度，不要过大，格挡要有力。

(2) 在格挡的同时要出拳击打，培养防守的同时进行反击的格斗习惯。

易犯的错误及纠正方法如下。

(1) 格挡动作不到位，格挡幅度过大或过小。纠正方法为：结合上步反复练习左、右格挡。

(2) 格挡与直拳连贯性不强，有明显的停顿。纠正方法为：格挡时不要用力过猛，以免影响出拳。

(3) 直拳反击时不转腰，击打力量小。纠正方法为：格挡时不要转腰过大，直拳反击时应蹬地转腰,反复练习。

(二)拍压直拳

拍压直拳,是指在敌人利用匕首攻击的瞬间实施拍压防守,同时进行直拳反击的技法。拍压直拳主要在敌直刺我胸部或下刺我腹部时采用。

口令:拍压直拳,1,2……

动作要领:在格斗势的基础上,左脚向左前方上步,左手向右下方拍压防守,右直拳向前击打(见图3-60),然后恢复格斗势。

动作要点为拍压防守要到位,直拳击打要跟紧。

易犯的错误及纠正方法如下。

(1)防守时直接向下拍压,方向不正确。纠正方法为:防守时应结合上步转体,向右下方拍压。

(2)上步时身体直接向前,无闪身动作。纠正方法为:上步时向左前方上步,结合右转拍压完成左闪身动作。

图3-60 拍压直拳

(3)右直拳反击慢,击打没有力量。纠正方法为:完成闪身拍压动作后,借助右脚掌蹬地,身体左转的力量,右直拳迅速向前击打,反复练习,增加击打力量。

(三)格挡勾击

格挡勾击,是指在敌人攻击的瞬间实施快速格挡,同时进行勾击的技法。格挡勾击主要在敌从横向攻击我头部时采用。

口令:格挡勾击,1,2……

动作要领:在格斗势的基础上,左脚向左前方上步,左小臂向左上方格挡,同时右勾拳向前击打(见图3-61),然后恢复格斗势;右脚向右前方上步,右小臂向右上方格挡,同时左勾拳向前击打(见图3-62),然后恢复格斗势。两手依次交替练习。

图3-61 左格挡勾击　　图3-62 右格挡勾击

动作要点如下。

(1)格挡时要控制幅度,不要过大,格挡要有力。

(2)格挡的同时要近身,出拳要迅速。

易犯的错误及纠正方法如下。

(1) 格挡幅度过大或过小,影响勾拳反击。纠正方法为:格挡时不要用力过猛,应适当控制力度,反复体会格挡位置。

(2) 勾拳反击时机不恰当,出拳过早,击打无力,出拳过晚,动作脱节。纠正方法为:应在格挡到位的瞬间,借助蹬地转体的力量出拳。

(3) 勾拳反击力度不够,角度不准确。纠正方法为:勾拳反击时机要准确,蹬地转体要充分;勾拳击打的角度为前上方,不要过分向上。

(四)横拨直拳

横拨直拳,是指在敌人攻击的瞬间实施横拨防守,同时进行直拳反击的技法。横拨直拳主要在敌以蹬腿或踹腿直线攻击我上体时采用。

口令:横拨直拳,1,2……

动作要领:在格斗势的基础上,左脚向左前方上步躲闪,同时左小臂由外向内格挡[见图3-63(a)],右直拳向前击打敌人的头部[图3-63(b)],然后恢复格斗势。

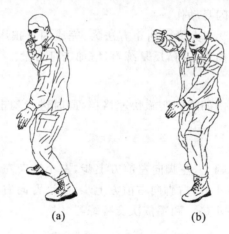

图 3-63 横拨直拳

动作要点如下。

(1) 躲闪要及时,距离要适当,向内横拨时要用左小臂,切忌用手。

(2) 右直拳跟进击打要迅速。

易犯的错误及纠正方法如下。

(1) 躲闪不及时,躲闪幅度小。纠正方法为:右脚掌蹬地发力,左脚向左前方快速上步。

(2) 横拨力度不够,格挡部位不准确。纠正方法:向内横拨时要借助向右转体的力量,格挡部位为左小臂。

(3) 直拳击打不到位。纠正方法为:出直拳反击时要向左转腰,右肩要到位,直拳击打距离要充分。

四、训练方法

(一)对抗观摩分析

对抗观摩分析,主要是分析对抗双方战术运用的成功与不足之处,使受训者了解训练的特点,启发受训者发现问题,总结经验。除了观摩对抗训练外,还可采用观摩比赛等方法进行。无论采取什么形式,教练员都应时刻做到边观摩边分析边讲解。

(二)虚设对手练习

虚设对手练习,是指受训者假设面对敌手进行的一人空击、防守训练。进行虚设对手练习时,一是要时刻做到心中有人,心中有目标;二是所做的动作要切合实际,不可华而不实。

(三)条件对抗训练

条件对抗训练,主要是指教练员在训练时规定只能采用一种防守手段的对抗训练。目的是让受训者更好地掌握这种防守动作。

(四)模拟实战对抗训练

模拟实战对抗训练,是融技术训练、战术训练、身体素质训练于一体的训练方法。组织模拟实战对抗训练时,应注意三点:一是训练前要检查护具的佩带情况;二是训练前要明确禁止击打的部位;三是评判时要眼明手快。

第四章
自动步枪的操作

自动步枪是轻武器中的主要枪种,是武警部队装备量最大、使用最广泛的轻武器。掌握自动步枪的基本常识和操作方法,是官兵完成执勤、处突、反恐怖及防卫作战任务的基础。

第一节 性能、构造与保养

着眼于新兵军事训练的要求和目前部队装备的实际情况,本节主要介绍81式、95(95-1)式和03式自动步枪的性能、构造与保养。

一、81式自动步枪

(一)战斗性能和主要诸元

1. 战斗性能

对单个目标在300米以内实施点射、在400米以内实施单发射效果最好。集中火力可射击500米以内的飞机、伞兵以及集团目标,弹头飞行到1500米处仍有杀伤力。此外,还可发射枪榴弹,使射手具有全面杀伤和反装甲的能力,是反装甲的辅助武器。在300米以内使用枪榴弹可杀伤敌人的有生力量,击毁敌人的装甲目标及坚固工事。

81式自动步枪可实施短点射(2~5发),也可实施长点射(6~10发)和单发射。使用1956年式普通弹,在100米处能射穿6毫米厚的钢板、15厘米厚的砖墙、30厘米厚的土层和40厘米厚的木板。使用穿甲燃烧弹,在200米处能射穿7毫米厚的钢板,并能引燃钢板后的易燃物。

2. 主要诸元

(1) 口径:7.62毫米。

(2) 枪全重:3.5千克。

(3) 枪全长(不含刺刀):折回枪托730毫米,打开枪托955毫米。

(4) 瞄准基线长:315毫米。

(5) 刺刀长:300毫米。

(6) 准星宽:2毫米。

(7) 弹匣容量:30发。

(8) 装满子弹的弹匣重:0.92千克。

(9) 理论射速:680~750发/分。

(10) 战斗射速:单发射40发/分,点射90~110发/分。

(11) 普通弹的初速:710米/秒。

(12) 弹头的最大飞行距离:约2000米。

(二) 构造

1. 主要部件

81式自动步枪由刺刀、枪管、瞄准具、活塞、机匣、枪机、复进机、击发机、弹匣和枪托等部件组成(见图4-1)。除此之外,还有一套附品。

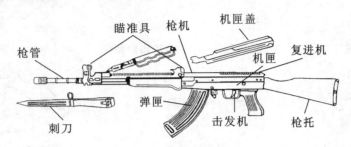

图 4-1　81 式自动步枪

(1) 刺刀:用以刺杀敌人。

(2) 枪管:用以赋予弹头及枪榴弹的飞行方向。

(3) 瞄准具:由表尺和准星组成,用以瞄准。

(4) 活塞:用以传导火药气体的压力,推压枪机向后。

(5) 机匣:用以容纳枪机、复进机,固定击发机和弹匣。

(6) 枪机:用以送弹、闭锁、击发和退壳,并能使击锤向后成待发状态。

(7) 复进机:由导管、导杆、导管座、复进簧和支撑环组成,用以使枪机回到前方位置。

(8) 击发机:用以与枪机相互作用形成待发和击发状态。

(9) 弹匣:用以容纳和托送子弹。

(10) 枪托:便于操作。

(11) 附品:包括擦拭杆、鬃刷、冲子、附品筒、通条、油壶、背带和弹匣袋等,用以分解、结合、擦拭、上油、排除故障等。

2. 分解与结合

分解与结合的目的是擦拭、上油、检查和排除故障等。

1) 分解

81式自动步枪的分解(见图4-2)按照以下步骤进行。

(1) 卸下弹匣。左手握护木,枪面稍向左,右手握弹匣,拇指按压弹匣卡榫,前推取下。

(2) 拔出通条,取出附品筒。左手握护木,右手向外向上拔出通条,然后用食指顶开附品筒巢盖,取出附品筒,并从附品筒内取出附品。

(3) 卸下机匣盖。左手握枪颈,以拇指按压机匣盖卡榫,右手将机匣盖上提取下。

(4) 抽出复进机。左手握枪颈,右手向前推导管座,使其脱离凹槽,向后抽出复进机。

(5) 取出枪机。左手握枪颈,右手打开保险,向后拉枪机到定位,向上取出枪机。左手转压机体向后,使导榫脱离导榫槽,向前取出机体。

(6) 卸下护盖。右手握表尺座下方的护木,左手转动表尺转轮,使"0"码平面和"1"码平面的交接棱边对准表尺座上的定位点,然后左手移握下护木,右手向上卸下护盖。

(7) 卸下活塞及调节塞。左手握下护木,右手将活塞向右(左)转动到定位,压缩活塞簧,使调节塞的前端脱离导气箍,向前卸下活塞及调节塞,并将活塞与调节塞分开。

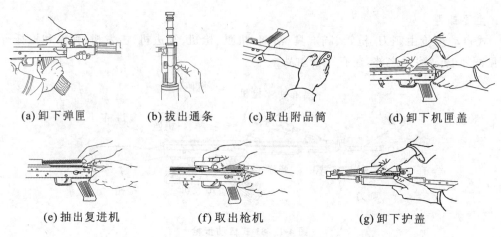

图 4-2　81 式自动步枪的分解

2) 结合

81 式自动步枪的结合按照以下步骤进行。

(1) 装上活塞及调节塞。将调节塞、活塞簧套在活塞上,左手握下护木,右手将活塞杆插入表尺座的圆孔内,压缩活塞簧,使调节塞的前端进入导气箍,并向左转动调节塞,使下凸起进入导气箍限制槽。

(2) 装上护盖。左手握下护木,右手将护盖前端两侧卡在导气箍上,按压护盖后部到定位。左手转动表尺转轮,使分划"3"对准定位点。

(3) 装上枪机。右手握机栓,使导榫槽向上,左手将机体结合在机栓上,使导榫进入导榫槽并转动到定位。左手握枪颈,右手将枪机从机匣后部装入机匣,前推到定位。

(4) 装上复进机。左手握枪颈,右手将复进机插入复进机巢内,向前推压,使导管座进入凹槽内。

(5) 装上机匣盖。左手握枪颈,右手将机匣盖的前端对准半圆槽,并使后部的方孔对准机匣盖卡榫,向前下方推压机匣盖,使卡榫进入方孔内。

(6) 装上附品筒和通条。将附品装入附品筒内,左手握护木,右手将附品筒装入附品筒巢内,用中指、食指顶压附品筒底部,使附品筒卡榫进入圆孔内。将通条插入通条孔内,并使通条头进入通条头槽。拉送枪机数次,检查机件结合是否正确,扣扳机,关保险。

(7) 装上弹匣。左手握护木,枪面稍向左,右手握弹匣并将弹匣口的前端插入结合口内,向后扳弹匣,直到听到响声为止。

3) 要求

(1) 分解前必须验枪。

(2) 分解与结合应按顺序和要领进行,不要强敲硬卸。

(3) 分解下来的机件应按顺序放在干净的物体上。

(4) 除了所讲解的分解机件外,未经许可,不准分解其他机件。

(5) 结合后,应拉送枪机数次,检查机件结合是否正确。

(三) 子弹

1. 子弹的构造

子弹(见图4-3)由弹头、弹壳、底火、发射药等组成。弹头,用以杀伤敌人的有生力量;弹壳,用以容纳发射药,安装弹头和底火;底火,用以点燃发射药;发射药,用以燃烧后产生火药气体,推送弹头前进。

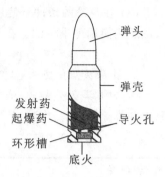

图4-3 子弹

2. 子弹的种类和用途

(1) 普通弹。普通弹用以杀伤敌人的有生力量。

(2) 曳光弹。曳光弹主要用以试射、指示目标等。射中干草后会起火,曳光距离可达800米。弹头头部为绿色。

(3) 燃烧弹。燃烧弹主要用以引燃易燃物。弹头头部为红色。

(4) 穿甲燃烧弹。穿甲燃烧弹主要用以射击飞机和轻装甲目标,并能在穿透装甲后引燃汽油。弹头头部为黑色,并有一个红圈。

(5) 空包弹。空包弹主要用于演习,没有弹头。

(6) 教练弹。教练弹主要用于练习装退子弹、击发等动作,外形和重量与普通弹相似,无发射药,底火用橡皮制成。

(7) 橡皮子弹。橡皮子弹主要用于练习装退子弹、击发等动作。

子弹箱上均标有弹种、数量、批号等,领用时应看清楚,以免弄错。

(四) 保养

要保养好武器装备,必须做到"两勤四不",即勤检查,勤擦拭,不碰摔,不锈蚀,不损坏,不丢失。

1. 检查

使用武器前检查武器,是预防故障和取得良好射效的必要措施。检查的主要内容包括以下几个方面。

(1) 检查外部金属部分是否有污垢、锈痕和碰伤,准星是否弯曲、松动,刻线是否与矫正结果一致,表尺转轮是否转动自如并能牢固地卡在各个分划上。

(2) 检查枪膛是否有污垢、锈痕和损伤。

(3) 将装有教练弹的弹匣装在枪上,检查其送弹、保险、单发射、连发射等功能是否正常。

(4) 检查附品是否齐全、完好,子弹是否有锈蚀、凹陷、裂缝。弹头松动的子弹不能使用。

2. 擦拭

连队兵器室集中保管的轻武器,每周擦拭或者分解擦拭1次;随身携带的轻武器每日擦拭1次;用于训练、执勤的轻武器,每次使用后都要擦拭,并且每周要分解擦拭1次,实弹射击后必须分解擦拭。擦拭武器包括对武器及其配套的器材进行清洁、润滑、调整和更换油液。

(五) 预防和排除故障

1. 预防故障的措施

(1) 严格按照规则保管和使用武器、子弹,有毛病的机件应及时修理或更换,有毛病的子弹不能使用。

(2) 战斗中应利用战斗间隙擦拭武器,来不及擦拭时,应向活动机件注油。

(3) 在寒冷的条件下使用武器时,不能过多上油,以防凝结,影响机件活动。在寒冷地区,入冬后应换用冬季枪油。在装子弹前,应将枪机拉送数次或向活动机件注少量汽油(煤油或酒精)。

2. 排除故障的方法

射击中,若发生故障,通常向后拉枪机,重新装子弹继续射击。如果仍有故障,应迅速查明原因并排除故障。常见的故障现象、原因和排除方法如表 4-1 所示。

表 4-1　常见的故障现象、原因和排除方法

故障现象	原　　因	排除方法
不送弹	(1) 弹匣过脏或损坏; (2) 机件过脏,枪机后退不到定位	(1) 擦拭或更换弹匣; (2) 擦拭过脏机件
不发火	(1) 子弹底火失效; (2) 击锤簧弹力不足; (3) 击针损坏	(1) 更换子弹; (2) 更换击锤簧; (3) 更换击针
不退壳	(1) 子弹、枪机、机匣、弹膛及火药气体通路过脏,枪机后退不到定位; (2) 抓弹钩过脏或损坏; (3) 调节塞的位置不正确	(1) 擦拭过脏机件; (2) 更换抓弹钩; (3) 将调节塞调到正确位置
枪机前进不到定位	(1) 弹膛、机匣、枪机和复进机过脏; (2) 子弹或弹匣口变形	(1) 擦拭过脏机件; (2) 更换子弹或弹匣
不抛壳	(1) 火药气体通路过脏; (2) 机件过脏,枪机后退不到定位; (3) 调节塞的位置不正确	(1) 卸下弹匣,取出弹壳; (2) 擦拭过脏机件; (3) 将调节塞调到正确位置

二、95(95-1)式自动步枪

(一) 战斗性能和主要诸元

1. 战斗性能

95 式 5.8 毫米自动步枪能用实弹直接从枪管发射 40 毫米枪榴弹,使射手具有全面杀伤和反装甲的能力,是近战中消灭敌人的有生力量的自动武器。对单个目标在 400 米以内射击效果最好,集中火力可射击 500 米以内的飞机、伞兵以及集团目标。

95 式自动步枪可实施短点射(2~5 发),也可实施长点射(6~10 发)和单发射。使用 1987 年式 5.8 毫米普通弹,在 300 米处可射穿 10 毫米厚的钢板。

2. 主要诸元

(1) 口径:5.8 毫米。

(2) 枪全重(含 1 个弹匣):3.3 千克。

(3) 刺刀重:360 克。

(4) 枪全长(不含刺刀):746 毫米。

(5) 瞄准基线长：325 毫米。

(6) 刺刀长：320 毫米。

(7) 刺刀宽：35 毫米。

(8) 表尺射程：500 米。

(9) 有效射程：400 米。

(10) 弹匣容量：30 发。

(11) 初速：920 米/秒。

（二）构造

1. 主要部件

95 式自动步枪由刺刀、枪管、导气装置、瞄准具、机匣、护盖、枪机、复进机、击发机、枪托、弹匣等部件组成［见图 4-4(a)］。除此之外，还有一套附品。

95-1 式自动步枪是 95 式自动步枪的改进型，主要从以下几个方面进行了改进：一是增加了空匣挂机的功能，以防战斗中空枪击发；二是将机柄加长了 3 毫米，以方便拉枪机；三是将保险机移至握把左侧上方，可以单手转换射击方式；四是加大了护盖的散热孔隙，提高了连续射击时的散热功效；五是将移动准星矫正射效的方法改为升降准星修正高低偏差，转动表尺旁的转轮修正左右偏差；六是将扳机前的小握把改为扳机护圈；七是增加了强光战术灯，改进了瞄准镜和榴弹发射器［见图 4-4(b)］。

(a) 95 式自动步枪

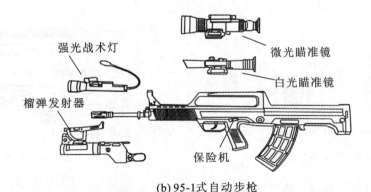

(b) 95-1 式自动步枪

图 4-4　95(95-1)式自动步枪

各部件的结构与用途详述如下。

(1) 刺刀。刺刀(见图 4-5)用以刺杀敌人,也可用作野战工作用刀。

(2) 枪管。枪管(见图 4-6)用以赋予弹头及枪榴弹的飞行方向。枪管内是枪膛,枪膛分为弹膛和线膛。弹膛用以容纳子弹,线膛内有 4 条右旋膛线,能使弹头在前进时旋转,保持飞行的稳定性。枪管外有导气箍和护盖。导气箍用以引导火药气体冲击活塞并容纳调节塞。枪口装置用以减小发射时枪口的跳动和火焰,并且可以用作榴弹发射器及刺刀连接座。

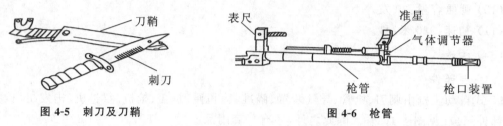

图 4-5 刺刀及刀鞘　　　　　　图 4-6 枪管

(3) 导气装置。导气装置在准星座前下方,由活塞、活塞簧、气体调节器组成(见图 4-7)。气体调节器有 3 个挡位,"1"为常用位置,"2"在机件过脏时使用,"0"在发射枪榴弹时使用。食指将气体调节器下突起下压,拇指左右拨动上突起,即可改变气体调节器的挡位,如图 4-7 所示。

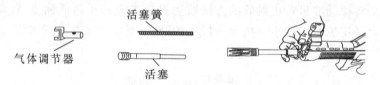

图 4-7 导气装置及调整方法

(4) 瞄准具。瞄准具由准星和表尺组成(见图 4-8),用以瞄准。表尺上有 3 个觇孔,分别标有"1""3""5",表示 100 米、300 米、500 米的射击距离(95-1 式自动步枪没有觇孔"1",有 2 个觇孔"3",一个觇孔"3"较小,用于白天射击,另一个觇孔"3"较大,用于夜间射击)。表尺座上设有瞄准镜座,用以安装瞄准镜。

(5) 护盖。护盖由上护盖与下护盖组成(见图 4-9)。上护盖有提把,用于提枪。下护盖有大握把、扳机护圈、小握把等,便于操作。大握把内为附品筒巢。

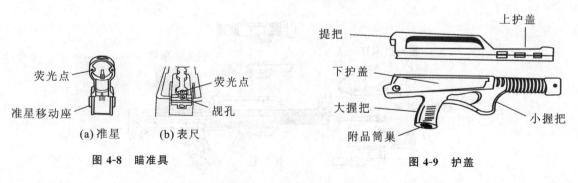

图 4-8 瞄准具　　　　　　图 4-9 护盖

(6) 机匣。机匣用以容纳枪机和复进机,固定击发机和弹匣。

(7) 枪机。枪机由机栓和机体组成(见图 4-10),用以送弹、闭锁、击发和退壳,并能使击锤向后成待发状态。

(8) 复进机。复进机由复进机座、复进簧、导杆等组成,用以使枪机向前复进,完成送弹、闭锁及解除不到位保险。

(9) 击发机。击发机(见图4-11)用以与枪机相互作用形成待发和击发状态。击发机上有保险机,用以保险和控制单发射、连发射。保险机箭头指向"1""2""0"分别表示单发射、连发射、保险(见图4-12)。击发阻铁用以控制待发射、单发射和连发射。击发机上还有击锤和扳机等。

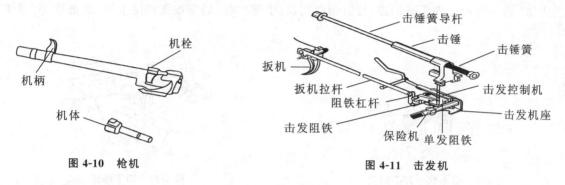

图4-10 枪机　　　　　图4-11 击发机

(10) 弹匣。弹匣(见图4-13)由弹匣体、托弹钣、托弹簧、固定钣、弹匣盖组成,用以容纳和托送子弹。弹匣体上有凹槽和挂耳,用以将弹匣固定在枪上。弹匣侧面有3个检查孔,用以观察装弹数量,分别显示10发、20发、30发。

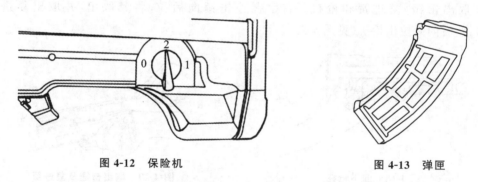

图4-12 保险机　　　　　图4-13 弹匣

(11) 枪托。枪托(见图4-14)的主要作用是便于操作。枪托右侧有抛壳口,枪托内有由缓冲器与托底钣组成的双缓冲机构,可减轻后坐时的撞击。

(12) 附品。附品包括擦拭杆、鬃刷、冲子、附品筒、通条、油壶、背带和弹匣袋等(见图4-15),用以分解、结合、擦拭、上油、排除故障等。

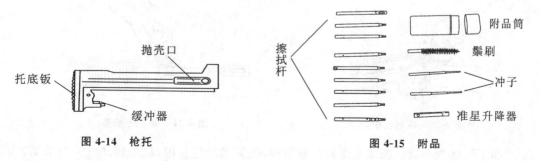

图4-14 枪托　　　　　图4-15 附品

2. 分解与结合

分解与结合的目的是擦拭、上油、检查和排除故障等。

1) 分解

步骤如下。

(1) 取出附品筒。打开握把盖,取出附品筒。

(2) 卸下刺刀。食指和拇指用力按压刀柄上的突榫,将刺刀向枪口方向推出(见图4-16)。

(3) 卸下弹匣。左手握护盖,枪面稍向左,右手握弹匣,拇指按压弹匣卡榫,前推取下(见图4-17)。

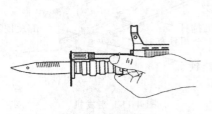

图4-16 卸下刺刀

图4-17 卸下弹匣

(4) 卸下枪托。右手握住托底钣下部,左手拇指从左向右将插销顶出,然后左手托握机匣,右手握枪托并且向后拉,取下枪托(见图4-18)。

(5) 取出击锤、复进簧和枪机。右手握住击锤向后拉,将其取出,并取出复进簧(见图4-19),然后向后拉出枪机(见图4-20)。

图4-18 卸下枪托

图4-19 取出击锤及复进簧

(6) 分解枪机。

(7) 卸下上护盖。左手握机匣尾部,右手先将上护盖向后移动1～2毫米,然后向上提起上护盖后部,让过准星座,再向后上方提拉取下上护盖(见图4-21)。

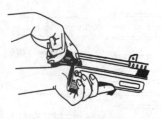

图4-20 取出枪机

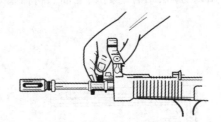

图4-21 卸下上护盖

(8) 卸下气体调节器。按压气体调节器卡榫,使其退出定位槽,然后转动气体调节器,当其上、下两平面处于水平位置时,向前拉出气体调节器。

(9) 取出活塞及活塞簧。将枪口向下倾斜,当活塞头部滑出导气箍时,取出活塞和活塞簧。

2) 结合

步骤如下。

(1) 装上活塞及活塞簧。将活塞与活塞簧套装好后,从导气箍处插入。

(2) 装上气体调节器。将气体调节器(上、下两平面处于水平位置)放入导气箍内,按压气体调节器卡榫并转动到挡位"1"。

(3) 装上上护盖。将上护盖从准星座处装上,并前推下压到定位。

(4) 结合枪机。

(5) 装上枪机、复进簧及击锤。

(6) 装上枪托。右手握住托底钣上部,使击锤后端对准枪托底部的缓冲器座,装上枪托并插上插销。拉送枪机数次,检查机件结合是否正确,扣扳机,关保险。

(7) 装上弹匣。右手握弹匣,使弹匣头部进入机匣上的弹匣结合口后,后扳装上弹匣。

(8) 装上刺刀。将刺刀环套入枪的膛口装置前端,并使刀柄座的T形槽对准枪上刀座的T形突起,然后向后拉到定位。

(9) 装上附品筒。将附品装入附品筒内,再将附品筒放入握把内并盖好握把盖。

3) 要求

(1) 分解前必须验枪。

(2) 分解与结合应按顺序和要领进行,不要强敲硬卸。

(3) 分解下来的机件应按顺序放在干净的物体上。

(4) 除了所讲解的分解机件以外,未经许可,不准分解其他机件。

(5) 结合后,应拉送枪机数次,检查机件结合是否正确。

(三) 子弹

1. 子弹的构造

同81式自动步枪。

2. 子弹的种类和用途

95式自动步枪主要使用5.8毫米普通弹,用以杀伤敌人的有生力量,必要时可使用5.8毫米机枪弹。子弹箱上均标有弹种、数量、批号等,领用时应看清楚,以免弄错。

(四) 保养

同81式自动步枪。

(五) 预防和排除故障

同81式自动步枪。

三、03式自动步枪

(一) 战斗性能和主要诸元

1. 战斗性能

对单个目标在300米以内实施点射、在400米以内实施单发射效果最好。集中火力可射击500米以内的飞机、伞兵以及集团目标,弹头飞行到1550米处仍有杀伤力。此外,还可发射枪榴弹,使射手具有全面杀伤和反装甲的能力,是反装甲的辅助武器。在300米内使用枪榴弹可杀伤敌人的有生力量,击毁敌人的装甲目标及坚固工事。

03式自动步枪可实施短点射(2～5发),也可实施长点射(6～10发)和单发射。使用各种1987年式步枪弹、机枪弹,在100米处,能射穿6毫米厚的钢板、12厘米厚的砖墙、25厘米厚的土层和30厘米厚的木板。

2．主要诸元

(1) 口径:5.8毫米。
(2) 枪全重:3.5千克。
(3) 初速:935米/秒。
(4) 枪全长:折回枪托720毫米,打开枪托950毫米。
(5) 有效射程:400米。
(6) 表尺射程:500米。
(7) 瞄准基线长:523毫米。
(8) 刺刀长:320毫米。
(9) 刺刀宽:35毫米。
(10) 刺刀重:360克。
(11) 弹匣容量:30发。

(二) 构造

1．主要部件

03式自动步枪(见图4-22)由刺刀、枪管、导气装置、瞄准具、机匣、护盖、枪机、复进机、击发机、握把、枪托、弹匣等部件组成。除此之外,还有一套附品。

图4-22　03式自动步枪

(1) 刺刀。刺刀及刀鞘如图4-23所示。刺刀的用途同95式自动步枪。

(2) 枪管。枪口为喇叭形,用以减小发射时枪口的跳动和火焰,并且可以用作榴弹发射器及刺刀连接座。枪管如图4-24所示。

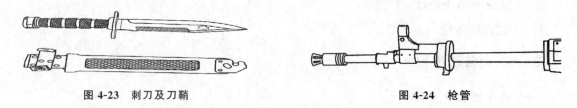

图4-23　刺刀及刀鞘　　　　　　　　图4-24　枪管

(3) 导气装置。导气装置由气体调节器、活塞头、活塞杆、活塞簧组成(见图4-25),用以传导火药气体的压力,推压枪机向后。气体调节器有3个挡位,"1"为常用位置,"2"在机件过脏时使用,"0"在发射枪榴弹时使用。食指将气体调节器下突起下压,拇指左右拨动上突起,即可改变气体调节器的挡位。

(4) 瞄准具。瞄准具(见图4-26)由表尺和准星组成,用以瞄准。表尺上有3个觇孔,分别标有"1""3""5",表示100米、300米、500米的射击距离。表尺座上设有瞄准镜座,用以安装瞄准镜。

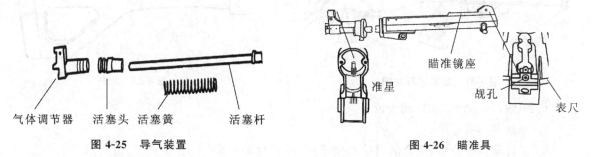

图 4-25　导气装置　　　　　　　　图 4-26　瞄准具

（5）机匣。机匣(见图4-27)用以容纳枪机和复进机,固定击发机和弹匣。机匣上方有表尺座和瞄准镜导轨。

（6）护盖。护盖(见图4-28)用以保护活塞,同时便于握持。

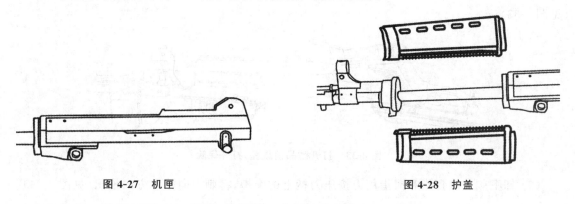

图 4-27　机匣　　　　　　　　　　图 4-28　护盖

（7）枪机。枪机如图4-29所示,作用同95式自动步枪。

（8）复进机。复进机(见图4-30)由复进机座、复进簧、导杆和导管组成,用以使枪机向前复进,完成送弹、闭锁及解除不到位保险。

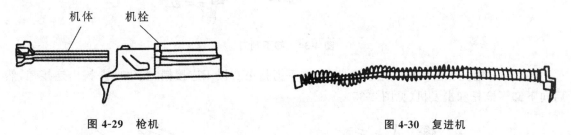

图 4-29　枪机　　　　　　　　　　图 4-30　复进机

（9）击发机与握把。击发机与握把为一个整体,如图4-31所示。击发机用以与枪机相互作用形成待发、击发状态。击发机上有弹匣卡榫、扳机、保险机等。保险机箭头指向"1""2""0"分别表示单发射、连发射、保险。握把内为附品筒巢。

（10）弹匣。同95式自动步枪。

（11）枪托。枪托(见图4-32)的主要作用是便于操作。

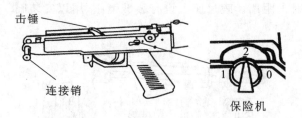

图 4-31　击发机与握把　　　　　图 4-32　枪托

(12) 附品。同 95 式自动步枪。

2. 分解与结合

03 式自动步枪分解、结合的目的和要求同 95 式自动步枪。

1) 分解

03 式自动步枪的分解按以下步骤进行。

(1) 打开枪托,卸下弹匣,打开附品筒巢盖,取出附品筒,打开保险,向后拉枪机压倒击锤(见图 4-33)。

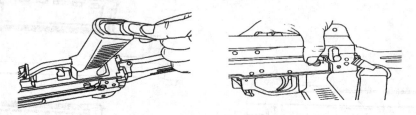

图 4-33　打开附品筒巢盖,打开保险

(2) 卸下刺刀。食指和拇指用力按压刀柄上的突榫,将刺刀向枪口方向推出(见图 4-34)。

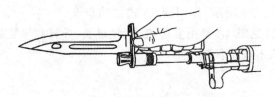

图 4-34　卸下刺刀

(3) 卸下枪托和击发机。左手握护盖,右手拇指由右按压连接销,左手向左拔出连接销,然后向下卸下枪托和击发机(见图 4-35)。

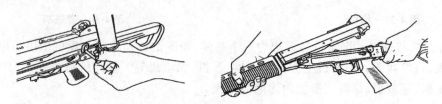

图 4-35　拔出连接销,卸下枪托和击发机

(4) 卸下复进机和枪机。左手握护盖上部,右手拇指向前推压复进机座并向上抬起,向后

抽出复进机[见图4-36(a)],然后向后拉枪机到定位,向上取出枪机[见图4-36(b)],并将机栓和机体分开。

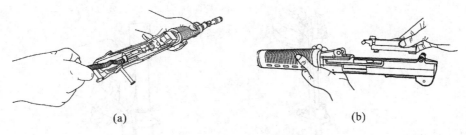

图 4-36　抽出复进机,取出枪机

(5) 卸下护盖。左手握护盖,枪口向上,竖起枪身,右手按压护盖套箍卡榫,使其脱离卡槽,向上推护盖套箍使其脱离护盖前端,再向上把护盖后端拉出护盖卡槽,并将护盖向两侧分开卸下(见图 4-37)。

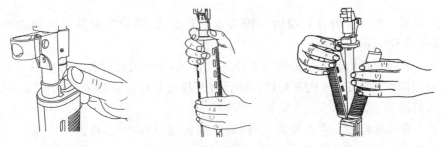

(a) 按压护盖套箍卡榫　(b) 使护盖套箍脱离护盖前端　(c) 将护盖向两侧分开

图 4-37　卸下护盖

(6) 卸下气体调节器。左手握枪身,右手拇指将导气箍固定销扳向外侧,再向下按压导气箍定位卡榫,将气体调节器旋至水平位置,向外抽出气体调节器(见图4-38)。

(7) 卸下活塞。右手食指和拇指捏住活塞杆向前顶出活塞头,左手向前抽出活塞杆,右手从侧面取出活塞簧(见图4-39)。

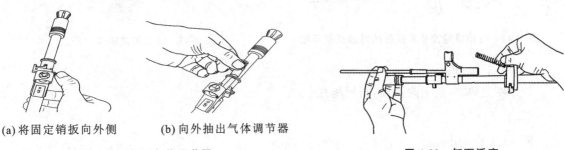

(a) 将固定销扳向外侧　(b) 向外抽出气体调节器

图 4-38　卸下气体调节器

图 4-39　卸下活塞

2) 结合

03 式自动步枪的结合按以下步骤进行。

(1) 装上活塞。将活塞头套在活塞杆上,枪口向上,竖起枪身,右手将活塞杆插入活塞导箍,左手将活塞簧套在活塞杆上,再将活塞杆和活塞簧一同插入活塞管(见图4-40)。

（2）装上气体调节器。左手握枪身，使枪口朝上，右手将气体调节器对准活塞头压入准星座并转到挡位"1"，然后将导气箍固定销扳向内侧（见图4-41）。

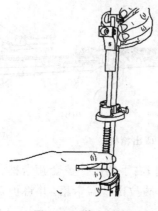
图 4-40　装上活塞

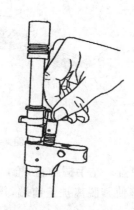
图 4-41　装上气体调节器

（3）装上护盖。将两侧护盖后端插入护盖卡槽并合拢，用护盖套箍同时套住两侧护盖前端，再将护盖套箍卡榫压入卡槽。

（4）装上枪机和复进机。先使击锤处于待发位置，结合好枪机。右手将枪机导槽从机匣后端对准机匣导棱向前推到定位（见图4-42），然后将复进机导杆插入枪机后部的复进机巢内，把复进机座压入机匣后端。

（5）装上击发机和枪托。左手横握枪身，右手握击发机和枪托，将击发机前后的结合口与机匣的结合口对正，当前、后连接孔对正时，右手拇指推连接销到定位（见图4-43）。拉送枪机数次，检查机件结合是否正确。

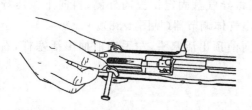
图 4-42　将枪机导槽从机匣后端对准机匣导棱

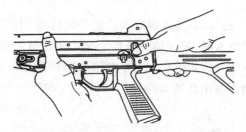
图 4-43　装上击发机和枪托

（6）装上刺刀。

（7）装上弹匣，装上附品筒，折回枪托。

（三）子弹

同95式自动步枪。

（四）保养

同81式自动步枪。

（五）预防和排除故障

同81式自动步枪。

第二节 射击学理

射击学理的内容比较宽泛,本节主要讲述发射、后坐、弹道、直射和直射距离、选定表尺分划和瞄准点、外界条件对射击的影响及修正等方面的内容。

一、发射

火药气体压力将弹头从膛内推送出去的现象,叫发射。

(一)发射过程

射击时,在扣扳机后,击针撞击子弹底火,使起爆药发火,火焰通过导火孔引燃发射药,产生大量的火药气体,在膛内形成很大压力,迫使弹头脱离弹壳,沿膛线旋转加速前进,直至脱离枪口。

(二)自动原理

扣扳机后,击锤打击击针,击针撞击子弹底火点燃发射药,产生火药气体,推送弹头沿膛线向前运动,弹头经过导气孔时,部分火药气体通过导气孔涌入导气箍,通过调节塞上的气孔冲击活塞推动枪机向后,压缩复进簧,完成开锁、抛壳,并使击锤成待发状态。枪机退到最后方时,由于复进簧伸长,枪机向前运动,推送下一发子弹入膛、闭锁。此时,如果保险机定在连发射位置,扳机未松开,击发阻铁不能卡住击锤,击锤再次打击击针,形成连发射;如果保险机定在单发射位置,击锤被单发阻铁卡住不能向前,若要再次发射,必须松开扳机后,再扣扳机。

二、后坐

发射时,武器向后运动的现象,叫后坐。

(一)后坐的形成

发射药燃烧时,产生的火药气体同时作用于各个方向(见图4-44),作用于膛壁周围的压力被膛壁抵消,向前作用于弹头后部的压力推送弹头前进,向后作用于弹壳底部的压力通过枪机传给整支枪,使枪向后运动,形成后坐。在弹头脱离枪口的瞬间,大量的火药气体从膛内向外喷出,形成极大的反作用力,使枪的后坐明显增强。

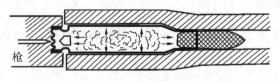

图 4-44 火药气体作用的方向

(二)后坐对命中的影响

后坐对单发射(连发射首发射)命中的影响极小。因为弹头在膛内运动的时间极短(约为0.001秒),并且枪比弹头重得多,所以弹头在脱离枪口以前,枪的后坐距离只有1毫米左右,加上衣服和肌肉的缓冲,射手是感觉不出来的。射手感觉到的后坐,主要是在弹头脱离枪口的瞬间,火药气体猛烈地向枪口外喷出形成的反作用力造成的,此时,弹头已脱离枪口。因此,后坐对单发射(连发射首发射)命中的影响极小。

后坐对连发射的命中有较大的影响。因为连发射时,第一发子弹发射后,枪的明显后坐很容易改变原来的瞄准线,造成第二发及以后的射弹产生较大偏差。但只要射手据枪姿势正确,掌握连发射时的后坐规律,就能减小后坐对连发射命中的影响,提高射击精度。

三、弹道

在弹头运动的过程中,其重心所经过的路线,叫弹道。

弹头脱离枪口后,一方面受到地心引力的作用,逐渐下降,另一方面受到空气阻力的作用,越飞越慢,从而形成了一条弧线,升弧较长、较直,降弧较短、较弯曲(见图4-45和表4-2)。

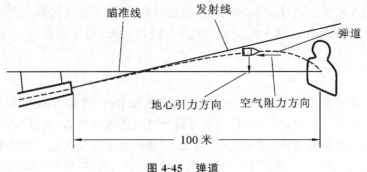

图 4-45 弹道

表 4-2 95 式自动步枪瞄准线上平均弹道高

距离/米 弹道高/厘米 表尺分划	50	100	150	200	250	300	350	400	450	500	550	600
1	−2.9	0	−0.9	−5.9								
3	2.0	9.8	13.9	14.0	9.4	0						
5	12.5	30.8	45.5	56.1	62.1	62.9	17.3	0				

四、直射和直射距离

瞄准线上的弹道高在整个表尺距离上不超过目标高的射击,叫直射。这段表尺距离叫直射距离(见图4-46)。

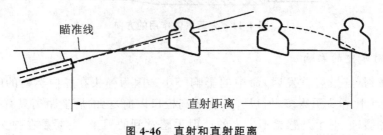

图 4-46 直射和直射距离

直射距离的大小,取决于目标的高低和弹道的低伸程度。目标越高,弹道越低伸,直射距离就越大;目标越低,弹道越弯曲,直射距离就越小。常用武器对主要目标射击的直射距离(概略值)如表4-3所示。例如,人胸目标的距离为250米,95-1式自动步枪手误测为400米,选定表尺分划"4",瞄准目标下沿射击,在250米处的弹道高为0.33米,没有超过目标高,目标仍能被杀伤。

表4-3 常用武器对主要目标射击的直射距离(概略值)

目标 直射距离/米 枪种	人头目标高 (30厘米)	人胸目标高 (50厘米)	半身目标高 (100厘米)	跃进目标高 (150厘米)
81式自动步枪	200	300	400	500
95式自动步枪	300	400	500	600
03式自动步枪	300	400	500	600
85式狙击步枪	300	400	500	600
88式狙击步枪	300	400	600	700

五、选定表尺分划和瞄准点

由于地心引力和空气阻力的作用,如果用枪管直接瞄准目标射击,射弹就会打近(低)(见图4-47)。

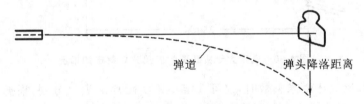

图4-47 用枪管直接瞄准目标射击的情况

为了命中目标,必须将枪口抬高,使枪身轴线与瞄准线之间形成一定的角度,即瞄准角(见图4-48)。

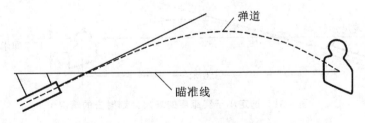

图4-48 抬高枪口对目标射击的情况

瞄准角的大小,是根据射弹在不同距离上的降落量来确定的。距离越远,降落量越大,所需要的瞄准角也就越大;距离越近,降落量越小,所需要的瞄准角也就越小。瞄准具就是根据上述原理设计的。各个距离上枪口抬高多少,在表尺上都有相应的分划,只要根据目标的距离选定表尺分划瞄准射击,就能命中目标。

（一）选定实距离表尺分划，瞄目标中央

这是最基本的选定方法。当目标的距离为百米整数时，可根据目标的距离选定相应的表尺分划，瞄准点选在目标中央。例如，利用自动步枪对100米处的人胸目标进行射击时，选定表尺分划"1"，瞄准目标中央射击，即可命中目标中央（见图4-49）。

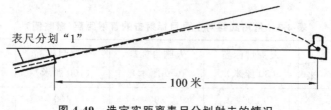

图 4-49　选定实距离表尺分划射击的情况

（二）选定大于或小于实距离的表尺分划，适当降低或提高瞄准点

当目标的距离不是百米整数时，通常选定大于实距离的表尺分划，根据武器在该距离上的弹道高，相应降低瞄准点进行射击。例如，利用95式自动步枪对250米处的人胸目标进行射击时，选定表尺分划"3"，在250米处瞄准线上的弹道高为9.4厘米，这时应瞄准目标下沿中央射击（见图4-50）。

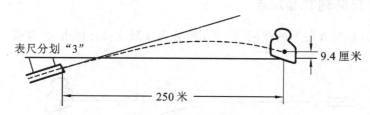

图 4-50　选定大于实距离的表尺分划射击的情况

当目标的距离略大于百米整数时，也可选定小于实距离的表尺分划，根据武器在该距离上的负弹道高，相应提高瞄准点进行射击。例如，利用95式自动步枪对350米处的人胸目标进行射击时，选定表尺分划"3"，在350米处瞄准线上的弹道高为－15.7厘米，这时应瞄准目标头部中央射击（见图4-51）。

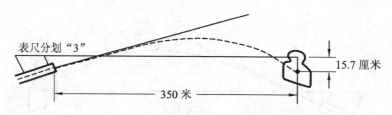

图 4-51　选定小于实距离的表尺分划射击的情况

（三）选定常用表尺分划，小目标瞄下沿，大目标瞄中央

战斗中，对直射距离内的目标进行射击时，可选定常用表尺分划（即表尺分划"3"），小目标瞄下沿，大目标瞄中央（见图4-52）。

在战场上，目标出现突然，且距离不断变化，用此种方法对300米以内的目标进行射击，不需要变更表尺分划，可以提高战斗射速。

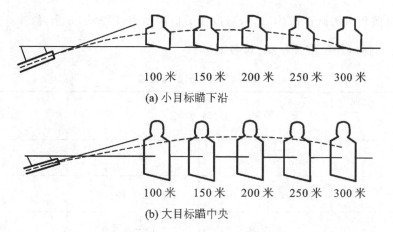

(a) 小目标瞄下沿

(b) 大目标瞄中央

图 4-52 95 式自动步枪选定常用表尺分划对 300 米以内的目标进行射击的情况

六、外界条件对射击的影响及修正

射击通常在自然环境中进行,风、阳光、气温等自然条件都会使射弹产生偏差。射手在观察时,应根据射弹击起的尘土或水花的位置、目标状况的变化等情况,判断射弹是否命中目标和偏差量的大小,并进行修正。

修正方向偏差时,可用改变瞄准点的方法进行修正。射弹偏右,瞄准点向左修正;射弹偏左,瞄准点向右修正。修正高低偏差时,可用提高、降低瞄准点或改变表尺分划的方法进行修正。射弹偏高时,降低瞄准点或减小表尺分划;射弹偏低时,提高瞄准点或增大表尺分划。

（一）风对射击的影响及修正

1. 横(斜)风对射击的影响及修正

横(斜)风能使射弹偏向一侧,产生方向偏差(斜风还能使射弹产生距离偏差,因偏差很小,故不考虑)。风力越大,目标的距离越远,偏差也就越大。风从左边吹来,射弹偏右;风从右边吹来,射弹偏左(见图 4-53)。

射击时,为了使射弹准确地命中目标,必须根据射弹受风影响的偏差量,将瞄准点向风吹来的方向修正(见图 4-54)。修正时,以横和风的修正量(见表 4-4)为准,强风加一倍,弱(斜)风各减半。修正量从预期的命中点算起,偏差多少,就修正多少。

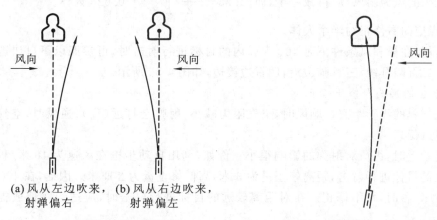

(a) 风从左边吹来,
射弹偏右

(b) 风从右边吹来,
射弹偏左

图 4-53 横风对射击的影响

图 4-54 将瞄准点向风吹来的方向修正

自动步枪对横和风的修正量(人体),可按如下口诀得出:距离200米,修正$\frac{1}{4}$人体,表尺"3""4""5",减去2.5,强风加一倍,弱(斜)风各减半。

表4-4 横和风的修正量

距离/米	枪种 修正量	自动步枪		狙击步枪
200		0.14米	$\frac{1}{4}$人体	$\frac{1}{4}$人体
300		0.36米	$\frac{1}{2}$人体	$\frac{1}{2}$人体
400		0.72米	$1\frac{1}{2}$人体	1人体
500		1.2米	$2\frac{1}{2}$人体	$1\frac{1}{2}$人体

例1:利用03式自动步枪对200米处的目标进行射击,强风从左边吹来,如何修正?

解:

根据口诀,目标的距离为200米时,横和风的修正量为$\frac{1}{4}$人体,强风加一倍,即$\left(\frac{1}{4}+\frac{1}{4}\right)$人体$=\frac{1}{2}$人体。

所以,瞄准点应向左修正半个人体。

例2:利用03式自动步枪对500米处的目标进行射击,风以2~3米/秒的速度从右前方吹来,如何修正?

解:

目标的距离为500米,应选定表尺分划"5"。根据口诀,横和风的修正量为:(5-2.5)人体=2.5人体。

风速为2~3米/秒,为弱风,应减一半,即$\left(2.5-\frac{2.5}{2}\right)$人体=1.25人体。

从右前方吹来的风为斜风,应再减一半,即$\left(1.25-\frac{1.25}{2}\right)$人体=0.625人体。

所以,瞄准点应向右修正约半个人体。

为了便于运用,在横和风条件下对400米以内的目标进行射击时,可参照以下口诀进行修正:一百不用修,二百瞄耳线,三百瞄边沿,四百边接边,如图4-55所示。

2. 纵风对射击的影响及修正

纵风会影响射弹的飞行距离。顺风时,空气阻力减小,射弹会打远(高);逆风时,空气阻力增大,射弹会打近(低)。

目标的距离较近时,纵风对射弹的影响很小。例如,利用自动步枪在风速为10米/秒的纵风中对400米处的目标进行射击,距离修正量为3米,高低修正量为2厘米。因此,在400米以内,风速小于10米/秒时,可不修正。在对距离较远的目标进行射击时,应适当降低或提高瞄准点。

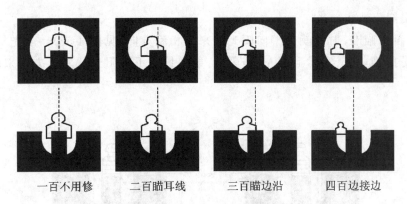

| 一百不用修 | 二百瞄耳线 | 三百瞄边沿 | 四百边接边 |

图 4-55　横和风条件下的修正情况

弹头的飞行距离越远,飞行速度越慢,受风的影响越大,因此在对距离较远的目标进行射击时,判定风向、风速时应以目标附近的风为主。

(二) 阳光对射击的影响及修正

1. 阳光对准星缺口型瞄准具瞄准的影响

阳光对准星缺口型瞄准具瞄准的影响较大。由于阳光的照射作用,缺口部分会产生虚光,形成三层缺口(见图 4-56):虚光部分、真实部分、黑实部分。如果不注意分辨清楚真实缺口的位置,就容易产生误差,使射弹产生偏差。

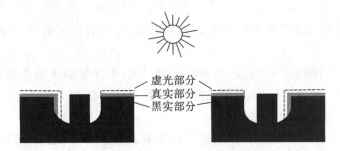

图 4-56　缺口部分产生虚光,形成三层缺口

1) 用虚光部分瞄准

若用虚光部分瞄准,射弹就会偏向阳光照来的方向(见图 4-57)。阳光从右上方照来时,缺口左边和上沿产生虚光,用虚光部分瞄准,准星实际上偏右高,因此,射弹偏右上。阳光从左上方照来时,用虚光部分瞄准,射弹则偏左上。

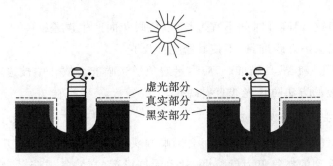

图 4-57　用虚光部分瞄准,射弹偏向阳光照来的方向

2）用黑实部分瞄准

若用黑实部分瞄准，射弹就会偏向阳光照来的相反方向（见图 4-58）。阳光从右上方照来时，用黑实部分瞄准，准星实际上偏左低，因此，射弹偏左下。阳光从左上方照来时，射弹则偏右下。

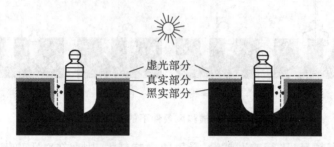

图 4-58　用黑实部分瞄准，射弹偏向阳光照来的相反方向

3）用缺口和准星同时产生的虚光或黑实部分瞄准

在阳光的照射下，缺口和准星同时产生虚光时，若虚光部分瞄准，射弹偏低；若用黑实部分瞄准，射弹偏高。

2．阳光对准星觇孔型瞄准具瞄准的影响

由于觇孔不易被阳光直射，所以阳光对准星觇孔型瞄准具瞄准的影响较小，但要注意以下几点。

（1）当目标处于阳光照来的方向被迫逆光瞄准时，光线会在觇孔中形成光斑，从而对瞄准造成较大影响。

（2）当强光从左侧照来时，觇孔内右侧比左侧明亮，易导致射手为平衡视觉而将准星向右移动，致使射弹偏右。同理，当强光从右侧照来时，射弹易偏左。

3．阳光对白光瞄准镜瞄准的影响

由于镜内分划不易被阳光直射，所以使用白光瞄准镜瞄准时，通常不会受阳光影响。但当目标处于阳光照来的方向被迫逆光瞄准时，光线会在镜内分划中形成光晕，从而对瞄准造成较大影响。

4．克服方法

（1）分辨清楚正确瞄准的情况。在不同方向阳光的照射下练习瞄准，可采取遮光瞄准，不遮光检查或不遮光瞄准，遮光检查的方法反复练习，以分辨清楚真实缺口的位置和正确瞄准的情况。

（2）瞄准时要细致，但瞄准时间不宜过长，以免眼花而产生误差。

（3）平时要注意保护好瞄准具，不使其磨亮而反光。

（4）使用准星觇孔型瞄准具瞄准时，应尽量避免逆光瞄准。战斗中被迫逆光射击时，可用在觇孔上方附加遮光板的方法防止光线直射觇孔。

（三）气温对射击的影响及修正

气温变化时，空气密度也会改变，从而会影响弹头的飞行速度。气温升高，空气密度减小，射弹在飞行过程中受到的空气阻力就减小，射弹就打得远（高）；气温降低，空气密度增大，射弹在飞行过程中受到的空气阻力就增大,射弹就打得近(低)。

使用武器时应在当地当时的气温条件下矫正武器的射效,并以矫正时的气温条件为准。射击时,若气温差别不大,在400米以内对射弹命中的影响较小,不必修正。若气温差别很大或对距离较远的目标进行射击时,应适当提高或降低瞄准点。

第三节 武器操作

正确操作武器是安全、准确、快速射击的基础。本节主要介绍验枪、装退子弹、定复表尺等操作。

一、验枪

验枪是保证安全的重要措施,使用武器前后及必要时均应验枪,认真检查弹膛、弹匣和教练弹中有无实弹。验枪时,严禁枪口对着人。

(一)81式自动步枪验枪

口令:验枪;验枪完毕。

动作要领:在肩枪的基础上,听到"验枪"的口令后,以右脚掌为轴,身体半面向右转,左脚顺势向前迈出一步(两脚约与肩同宽),同时右手移握上护木,将枪向前送出(背带从肩上脱下),左手接握下护木,左大臂紧靠左肋,枪托贴于右胯,准星约与肩同高。左手使枪面稍向右,右手掌心向下,虎口向前,拇指向后下方打开保险(见图4-59)。左手使枪面稍向左,右手卸下弹匣,使弹匣口向后,将弹匣交给左手握于护木右侧,右手移握机柄。当指挥员检查时,向后拉

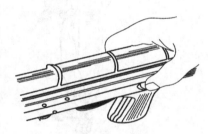

图4-59 81式自动步枪打开保险

枪机。验过后,自行送回枪机,装上弹匣,扣扳机,关保险,移握枪颈。听到"验枪完毕"的口令后,左手反握护木,将枪倒置于胸前,上背带环约与肩同高,右手挑起背带,身体半面向左转,在右脚靠拢左脚的同时,两手协力将枪送上右肩,恢复肩枪姿势。

动作要点:左脚迈步半面转,下枪送出位置准,验枪前后定保险,双手协力枪上肩。

练习方法如下。

(1)模仿练习。通过模仿教练员的动作,熟悉动作流程,基本掌握动作要领。

(2)分解练习。教练员分段讲解动作要领,并结合口令引导新战士做动作。

(3)连贯练习。在新战士基本掌握动作要领之后,教练员可以适时地让新战士进行连贯练习,可采取由慢到快的方式,逐步加强新战士对动作的熟练程度。

易犯的错误及纠正方法如下。

(1)将枪送出时位置不准确。纠正方法为:强调将枪送出时,左大臂紧靠左肋,枪托贴于右胯,准星约与肩同高,可采用反复练习的方法解决这一问题。

(2)验枪过程中开、关保险不及时。纠正方法为:通过反复练习,牢记验枪前开保险,验枪后关保险。

(3) 验枪结束后,枪上肩动作不协调。纠正方法为:训练时重点练习枪上肩动作。

(二) 95(95-1)式自动步枪验枪

95(95-1)式自动步枪验枪通常在挂枪的基础上进行。挂枪姿势为:背带挂在后颈上,右手握大握把,左手握小握把前的护盖,枪托约与锁骨同高,枪口朝左前下,枪身与身体约成30度角(见图4-60)。

口令:验枪;验枪完毕。

动作要领:听到"验枪"的口令后,两手协力使枪口指向前上方,枪托抵在右肩窝,枪口约与眼同高,左手打开保险,卸下弹匣,使弹匣口向上,将弹匣交给右手握于握把左侧,食指钩住机柄,稍向左旋转枪面(确保右眼能直视枪膛)(见图4-61)。当指挥员检查时,向后拉枪机。验过后,自行送回枪机,装上弹匣,扣扳机,关保险,移握护盖。听到"验枪完毕"的口令后,两手协力将枪口旋至左前下,恢复挂枪姿势。

图4-60　95式自动步枪挂枪

图4-61　95式自动步枪验枪

动作要点:枪口上抬与眼高,左旋枪面拉机验。

练习方法如下。

(1) 体会练习。重点体会动作流程和动作要领。

(2) 分组练习。在新战士基本掌握动作要领之后,教练员可适时地将新战士分成几个小组进行对比训练。

(3) 集体练习。教练员可结合口令让新战士进行分解动作和连贯动作的集体练习。

易犯的错误及纠正方法如下。

(1) 上抬枪口时位置不准确。纠正方法为:强调上抬枪口时枪口约与眼同高,可通过反复练习解决这一问题。

(2) 向后拉枪机时用力过猛。纠正方法为:强调适当用力向后拉枪机,切忌猛拉猛放。

(三) 03式自动步枪验枪

口令:验枪;验枪完毕。

动作要领:在肩枪的基础上,听到"验枪"的口令后,以右脚掌为轴,身体半面向右转,左脚顺势向前迈出一步(两脚约与肩同宽),同时右手移握上护盖,将枪向前送出(背带从肩上脱下),左手接握下护盖,左大臂紧靠左肋,枪托贴于右胯,准星约与肩同高。左手使枪面稍向右,右手拇指打开保险。左手使枪面稍向左,右手卸下弹匣,使弹匣口向后,将弹匣交给左手握于护盖右侧,右手移握机柄(见图4-62)。当指挥员检查时,向后拉枪机。验过后,自行送回枪机,装上弹匣,扣扳机,关保险,移握枪颈。听到"验枪完毕"的口令后,左手反握护盖,将枪倒置于胸前,右手挑起背带,身体半面向左转,在右脚靠拢左脚的同时,两手协力将枪送上右肩,恢复肩枪姿势。

图 4-62 03 式自动步枪验枪

动作要点:同 81 式自动步枪。
练习方法:同 81 式自动步枪。
易犯的错误及纠正方法:同 81 式自动步枪。

二、装退子弹及定复表尺

(一)向弹匣内装子弹

左手握弹匣,使弹匣口向上,挂耳向前,右手将子弹放于弹匣口,两手协力将子弹压入弹匣。装好子弹后,应向下按压子弹数次,检查弹匣能否正常送弹。如果压下后松开,子弹不能弹回到进弹口上沿,则必须重新装子弹或更换弹匣。

(二)81 式自动步枪卧姿装退子弹及定复表尺

口令:卧姿,装子弹;退子弹,起立。

动作要领:听到"卧姿,装子弹"的口令后,右手移握上护木,使枪口向前(背带从肩上脱下),左脚向右脚尖前迈出一大步,左臂伸出,掌心向下,手指稍向右,按照膝、手、肘的顺序卧倒。以身体左侧、左肘支撑全身,右手将枪向目标方向送出,左手接握下护木,枪面稍向左,枪托着地。右手卸下空弹匣(弹匣口朝后)交给左手握于护木右侧,解开弹袋扣,取出实弹匣装在枪上(见图4-63),将空弹匣装入弹袋内并扣好,拇指打开保险,向后拉枪机送子弹上膛,关保险。右手拇指和食指转动表尺转轮,使所需分划对准表尺座一侧的定位点(见图4-64)。右手移握握把,全身伏地,两脚分开约与肩同宽,身体右侧与枪身略成一条线,目视前方,准备射击。听到"退子弹,起立"的口令后,稍向左侧身,右手卸下实弹匣交给左手,右手打开保险,拇指慢慢地向后拉枪机,其余手指接住从膛内退出的子弹(见图4-65),送回枪机,将子弹压入实弹匣内,解开弹袋扣,取出空弹匣装在枪上,将实弹

图 4-63 取出实弹匣装在枪上

装入弹袋内并扣好,扣扳机,关保险,表尺分划归"3"。右手移握上护木,将枪收回,同时左小臂向里合,屈左腿于右腿下。以左手和两脚撑起身体,右脚向前一大步,左脚再向前一步,左手反握护木,将枪倒置于胸前,右手挑起背带,在右脚靠拢左脚的同时,两手协力将枪送上右肩,恢复肩枪姿势。

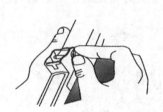
图 4-64　选定表尺分划

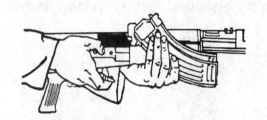
图 4-65　接住从膛内退出的子弹

动作要点:取空换实,打拉关定。

练习方法如下。

(1) 体会练习。重点体会动作流程和动作要领。

(2) 分解练习。教练员分段讲解动作要领,并结合口令引导新战士做动作。

(3) 连贯练习。在新战士基本掌握动作要领之后,教练员可以适时地让新战士进行连贯练习,可采取由慢到快的方式,逐步加强新战士对动作的熟练程度。

(4) 评比竞赛。为了活跃训练气氛,调动新战士训练的积极性,教练员可以适时地组织评比竞赛。

易犯的错误及纠正方法如下。

(1) 卧倒时着地的顺序不准确。纠正方法为:反复练习按照膝、手、肘的顺序着地,切忌按照手、膝、肘的顺序着地。

(2) 动作流程不正确。纠正方法为:新战士应当熟记"取空换实,打拉关定"的口诀,并在教练员的组织下一边背口诀一边做动作。

(三) 95(95-1)式自动步枪卧姿装退子弹及定复表尺

口令:卧姿,装子弹;退子弹,起立。

动作要领:听到"卧姿,装子弹"的口令后,左手向左上方撑开背带,两手协力将背带从头顶绕出(见图 4-66),右脚向前迈出一大步,右手握紧握把保持枪口朝前上方,左手撑地,顺势卧倒,以身体左侧、左肘支撑全身,右手将枪向目标方向送出,左手接握护盖前端,枪面稍向左,枪托着地。右手卸下空弹匣(见图 4-67)交给左手握于护盖右侧,解开弹袋扣,取出实弹匣装在枪上,将空弹匣装入弹袋内并扣好,打开保险,向后拉枪机送子弹上膛,扳动表尺转轮(见图 4-68),使所需表尺觇孔位于正上方。右手移握握把,全身伏地,目视前方,准备射击(见图 4-69)。听到"退子弹,起立"的口令后,稍向右侧身,右手卸下实弹匣交给左手(见图 4-70),退出膛内的子弹并压入实弹匣。换上空弹匣,将实弹匣装入弹袋内并扣好,扣扳机,关保险,复回表尺。右手移握握把,左手和两脚将身体撑起,右脚向前一大步,左脚再向前一步,左手向左撑开背带,两手协力将背带挂在后颈上,右脚靠拢左脚,恢复挂枪姿势。

图 4-66　两手协力将背带从头顶绕出

图 4-67　右手卸下空弹匣

图 4-68　扳动表尺转轮

图 4-69　目视前方,准备射击

图 4-70　右手卸下实弹匣交给左手

练习方法如下。

(1) 体会练习。重点体会动作流程和动作要领。

(2) 分组练习。在新战士基本掌握动作要领之后,教练员可适时地将新战士分成几个小组进行对比训练。

(3) 集体练习。教练员可结合口令让新战士进行分解动作和连贯动作的集体练习。

(4) 评比竞赛。为了活跃训练气氛,调动新战士训练的积极性,教练员可以适时地组织评比竞赛。

易犯的错误是卧倒时枪口乱晃,纠正方法为卧倒时握枪要稳,强调枪口向前。

(四) 03 式自动步枪卧姿装退子弹及定复表尺

口令:卧姿,装子弹;退子弹,起立。

动作要领:听到"卧姿,装子弹"的口令后,右手移握护盖,使枪口向前(背带从肩上脱下),右脚向前迈出一大步,左手撑地,顺势卧倒,以身体左侧、左肘支撑全身,右手将枪向目标方向送出,左手接握护盖,枪面稍向左,枪托着地。右手卸下空弹匣交给左手握于护盖右侧,解开弹袋扣,取出实弹匣装在枪上(见图 4-71),将空弹匣装入弹袋内并扣好,打开保险,向后拉枪机送子弹上膛,关保险(目标已出现,或即将出现,则不关保险),扳动表尺座,使所需表尺数字向上。右手移握握把,全身伏地,两脚分开约与肩同宽,身体右侧与枪身略成一条线,目视前方,准备射击(见图 4-72)。听到"退子弹,起立"的口令后,稍向左侧身,右手卸下实弹匣交给左手,右手打开保险,拇指慢慢地向后拉枪机,其余手指接住从膛内退出的子弹,并将子弹压入实弹匣内,解开弹袋扣,取出空弹匣装在枪上,将实弹匣装入弹袋内并扣好,扣扳机,关保险,复回表尺。右手移握护盖,将枪收回,同时左小臂向里合,屈左腿于右腿下。以左手和两脚撑起身体,右脚向前一大步,左脚再向前一步,左手反握护盖,将枪倒置于胸前,右手挑起背带,在右脚靠拢左脚的同时,两手协力将枪送上右肩,恢复肩枪姿势。

图 4-71 将实弹匣装在枪上

图 4-72 目视前方,准备射击

动作要点:同 81 式自动步枪。
练习方法:同 81 式自动步枪。
易犯的错误及纠正方法如下。
(1) 卧倒时着地的顺序不准确。纠正方法为:反复练习按照手、肘、身体左侧的顺序着地,切忌按照手、膝、肘的顺序着地。
(2) 动作流程不正确。纠正方法为:新战士应当熟记"取空换实,打拉关定"的口诀,并在教练员的组织下一边背口诀一边做动作。

第四节　对不动目标射击

不动目标,是指空间位置相对固定的目标,平时主要指训练和矫正射效时使用的固定靶标,战时主要指敌人的火力点和活动范围较小的单个目标。

一、对不动目标射击的特点

对不动目标射击,可以使射手掌握最基本的射击动作和技巧,为应用射击奠定基础。其特点是:目标位置不变;目标大小不变;射击距离不变;表尺、瞄准点和瞄准情况不变。

二、对不动目标射击的方法

为了获得更好的射击效果,一般利用地物和构筑依托物实施射击。构筑依托物的高低应根据射手的高矮和手臂的长短来确定,一般为 25～30 厘米。在紧急情况下,还应善于利用不同高度的构筑依托物实施射击。

(一) 据枪

卧姿有依托据枪时,下护木(护盖)前端放在依托物上,身体右侧与枪身略成一条线(见图 4-73 和图 4-74)。左手握下护木(护盖)后端或弹匣,也可握下护木(护盖)与弹匣结合的部位,95 式自动步枪还可握小握把,左肘着地外撑。右手紧握握把,食指第一节靠在扳机上,右肘着地外撑,两肘保持稳定,胸部挺起,身体稍前跟,上体自然下塌,两手用力保持不变,使枪托抵在肩窝。头稍向前倾,自然贴腮。

图 4-73 81 式自动步枪卧姿有依托据枪

图 4-74 95 式自动步枪卧姿有依托据枪

动作要点为：正、握、抵、定、塌，不拉又不顶。

练习方法如下。

（1）体会练习。重点体会以下动作要领：一是身体右侧与枪身略成一条线；二是两肘保持稳固，两手用力保持不变；三是枪托抵在肩窝；四是眼睛与机匣盖的距离为3～5厘米。

（2）结对子练习。结对子练习中应重点采取"一看，二摸，三推，四拉，五问"的方法进行检查和纠正。

① 一看：看射手的姿势是否符合要求，各部位的动作是否正确等。

② 二摸：用手摸射手的肩窝，检查抵肩位置是否正确。

③ 三推：右手握准星座部分向后推枪，检查射手的姿势是否稳固。

④ 四拉：右手握准星座部分向前拉枪，检查射手两手握枪的力量。

⑤ 五问：询问射手据枪过程中的感觉，发现问题，及时纠正。

（二）瞄准

1．用瞄准具瞄准

右眼通视觇孔（缺口）和准星，使准星尖位于觇孔（缺口）中央，指向瞄准点（见图4-75）。瞄准时，应将主要精力集中在准星与觇孔（缺口）的平正关系上，以防造成大的瞄准误差。正确瞄准时，准星与觇孔（缺口）的平正关系看得较清楚，而目标则看得较模糊。

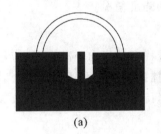
(a)
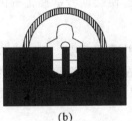
(b)
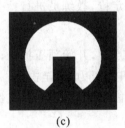
(c)

(d)

图4-75　用瞄准具瞄准

瞄准时，应先使瞄准线自然指向目标。若未指向目标，应当调整姿势。需要修正方向偏差时，可左右移动身体；需要修正高低偏差时，可调整依托物或两肘里合、外张。

2．用白光瞄准镜、微光瞄准镜瞄准

转动方向手轮选定所需方向的修正量，调整好眼睛与瞄准镜目镜的位置，使分划板周围的阴影完全消除，并使镜内横线保持水平，用相应的"十"字交点或"∧"形顶端瞄准目标中央（见图4-76和图4-77）。

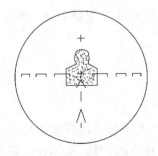

图4-76　用白光瞄准镜瞄准

图4-77　用微光瞄准镜瞄准

3．动作要点

（1）81式自动步枪：左眼闭，右眼睁，通过缺口看准星，准星缺口平正好，指向目标下或中。

（2）95(03)式自动步枪：觇孔重护圈，准星、目标在中间，指向瞄准点，不差也不偏。

4．练习方法

1）四点瞄准练习

四点瞄准练习主要解决射手瞄准一致性的问题。具体方法是：将枪放在依托物上，在距离枪15米处设固定白纸靶。示靶手将检查靶固定在白纸靶上，由教练员或优秀射手瞄准后不动枪，示靶手用铅笔通过检查靶中央的圆孔在白纸靶上画一个点作为基准点，然后移开检查靶。射手不动枪瞄准，并指挥示靶手移动检查靶，直到瞄准为止。瞄准后，喊"停"，示靶手做好标记。连续瞄三次，即可评定成绩：三次瞄准的标记与基准点能套在直径为10毫米的圆孔内为合格，能套在直径为5毫米的圆孔内为良好，能套在直径为3毫米的圆孔内为优秀。

2）固定枪瞄准练习

固定枪瞄准练习主要是为了让射手掌握正确的瞄准情况。主要方法如下。

（1）双缩固定枪瞄准练习：等比例缩小射击距离和目标，形成正确瞄准后不动枪，让射手在近距离内体会正确的瞄准情况。

（2）实际距离固定枪瞄准练习：在实际距离处由优秀射手设一支固定枪，受训者进行观摩，然后由受训者设一支固定枪，教练员进行检查，使受训者掌握正确的瞄准情况。

（三）击发

当瞄准线接近瞄准点时，开始预压扳机，并减缓呼吸。当瞄准线稳定地指向瞄准点时，应停止呼吸，继续增加对扳机的压力，直至击发。在击发的瞬间，切忌为捕捉瞄准点而猛扣扳机。若瞄准线偏离瞄准点或不能继续停止呼吸，应保持对扳机的压力不变，待修正或换气后，再继续扣压扳机。

实施点射时，应稳扣快松。在扣扳机的过程中，应始终保持姿势稳固，据枪力量不变。

动作要点为：食指均匀正直压，余指力量不增减，扳机到底即松开，贴腮要正头不歪。

练习方法如下。

（1）体会练习。扣压扳机的速度要先快后慢，即预压快，扣响慢，防止猛扣扳机或无预压扳机的过程。体会过程中应注意，最好用食指第一节的根部扣压扳机，过前会造成侧推的力量，过后（第二节）则会造成侧带的力量，使枪摆动，影响射击精度。

（2）结对子练习。两人一组，一个人击发，另一个人检查其击发的动作是否正确，主要解决猛扣扳机、耸肩、眨眼等问题。

（3）综合练习。按照实弹射击的要求，5分钟内按照动作要领据枪、瞄准、击发，五次为一组。

三、对不动目标射击的要求

（一）抵肩和贴腮位置要正确

射击时，射手若不能正确地抵肩、贴腮，会使射弹产生偏差。在通常情况下，抵肩过低易打低；抵肩过高易打高；贴腮用力过大易偏左上。针对这种情况，要反复体会正确的抵肩位置，并通过他人摸、推的方法检查抵肩位置是否正确。另外，贴腮要自然。

(二)两手用力要适当

射击时,射手为了命中目标,往往会以很大的力量控制枪的晃动,造成肌肉紧张、用力方向不正确、姿势不稳,从而影响射击精度。针对这种情况,应强调据枪时要向后适当用力,使用力方向与后坐方向一致。实施点射时,应保持姿势稳固,据枪力量不变。

(三)停止呼吸不能过早

射击时,停止呼吸过早,易造成憋气,从而引起肌肉颤动、据枪不稳等。针对这种情况,要让射手反复体会在瞄准线指向瞄准点时自然停止呼吸的要领。在剧烈运动后,无法正常停止呼吸时,应进行深呼吸后再停止呼吸。

(四)瞄准时间不宜过长

射击时,瞄准时间过长,会造成眼睛疲劳,视线模糊,影响射击效果。瞄准时间一般为3~7秒,瞄准了就应该果断击发。如果练习时间较长,可以通过观察绿色植物、闭眼休息等方法缓解眼睛疲劳,然后再进行瞄准。

(五)防止耸肩、眨眼和猛扣扳机

射击时,射手过多地考虑枪响时机、射击成绩等,会造成心情紧张,从而产生耸肩、眨眼和猛扣扳机等错误动作,影响射击精度。针对这种情况,应强调按动作要领操作,把主要精力集中在准星与觇孔(缺口)的平正关系上。

(六)克服枪面倾斜现象

如果瞄准时,枪面偏左(右),射击时,射弹就会偏左(右)下。针对这种情况,应强调据枪时要保持枪面平正。

第五节 夜间对不动目标射击

夜间射击,是指射手在夜间光线不良的情况下对目标实施的射击。

一、对照明目标射击的特点

照明目标射击,是指在夜间利用人工照明照亮目标进行的射击。其主要特点如下。

(1)准备工作难以快速完成。夜间天黑,能见度低,装子弹、选择射击位置等准备工作难以快速完成。

(2)难以正确瞄准。夜间瞄准时,很难看清准星和觇孔,所以难以正确瞄准。

(3)修正射击偏差困难。夜间射击时瞄准困难,射弹容易产生偏差,加上天黑看不见弹着点,难以判断偏差的方向和偏差量,因此几乎无法修正射击偏差。

二、对照明目标射击的方法

照明目标主要指夜间被微弱的光照亮的目标。这类目标在实战中非常常见。由于夜间能见度低,距离稍远就只能看见目标模糊的轮廓,所以射手很难瞄准目标。为了便于瞄准,射击时通常选定大于实距离的表尺分划,瞄准目标下沿。为了避免因晃动而"丢失"目标和准星,应尽量采用卧姿射击。

卧姿无依托据枪时,95(95-1)式自动步枪左手托握小握把,03式自动步枪左手托握护盖或弹匣,左小臂尽量里合于枪身下方,小臂与大臂约成90度角,将枪自然托住。右手握握把,两肘着地外撑,保持稳固,两手向后用力,使枪托抵在肩窝,自然贴腮。

(一) 81式自动步枪对照明目标射击的方法

81式自动步枪对距离为100米左右的照明目标射击时,通常选定表尺分划"2"。射击方法如下。

(1) 抬。射手首先微抬头看清目标,然后稍抬枪口使枪概略指向目标,利用目标反光找到准星。

(2) 对。正确贴腮,使准星对准目标中央,保持准星与目标的平正关系。

(3) 降。缓慢地降低准星,找到缺口。缓慢地升降准星,使准星与缺口平正,同时停止呼吸,开始预压扳机。

(4) 扣。当目标被概略瞄准时,应果断击发,切忌犹豫不决造成眼花。如果击发过程中目标突然变暗,只要身体未动,及时击发,仍能命中目标。击发的瞬间,保持身体姿势、据枪动作、瞄准三不变。

动作要点为:两眼尽量同时睁,通视缺口找准星。平正准星和缺口,紧盯目标不放松。透光概略指目标,平正关系不离踪。精益求精反复瞄,枪枪打在靶心中。

练习方法如下。

(1) 由有到无。由有依托据枪变为无依托据枪,是一个循序渐进的过程,可作为射手解决枪面倾斜、姿势不稳固等问题的辅助练习方式。这种方式对射击经验不多的射手帮助较大。

(2) 由近及远。采用双缩固定枪瞄准、实际距离固定枪瞄准两种方法进行练习。

(3) 由亮到暗。白天练习"定"(装子弹、选定表尺分划、贴腮),黄昏练习"清"(夜间射击的特点、准星与缺口的相互关系等),夜晚练习"快"(装子弹、选定表尺分划、发现目标、平正准星与缺口、击发),采光由亮到暗,让射手逐步适应夜间照明。

(二) 95(03)式自动步枪对照明目标射击的方法

95(03)式自动步枪瞄准具上的荧光点在夜间难以看清,对照明目标进行瞄准时,只能依靠觇孔和准星。由于选定表尺分划"1"时,觇孔较小,不便于瞄准,所以一般选定表尺分划"3"或"5",适当降低瞄准点。射击方法如下。

(1) 抬。射手首先微抬头看清目标,然后稍抬枪口使枪概略指向目标,利用目标反光找到准星。

(2) 对。正确贴腮,选定表尺分划"3"时,使准星上沿对准目标中央稍下处,选定表尺分划"5"时,使准星上沿对准目标中央下方30厘米处,同时停止呼吸,保持准星与目标的平正关系,并开始预压扳机。

(3) 降。缓慢地降低准星,找到觇孔。准星通过觇孔上方时,会出现短暂的模糊,此时继续缓慢地降低准星,即可在觇孔中看见准星和目标。

(4) 扣。当目标被概略瞄准时,应果断击发,切忌犹豫不决造成眼花。如果击发过程中目标突然变暗,只要身体未动,及时击发,仍能命中目标。击发的瞬间,保持身体姿势、据枪动作、瞄准三不变。

动作要点为:射击姿势要适当,对准目标摆正枪。抬高枪口左右找,利用护圈套靶光。垂直把物体是准星,再把准星移中央。然后适当往下降,平正准星操稳枪。正确选择瞄准点,均匀击发不要慌。照此方法去射击,枪枪打在靶中央。

练习方法如下。

（1）固定法。天黑前将枪瞄准目标后固定,使用时辅助者用一只手挡在准星前方,用较暗的灯光照亮手掌,受训者在枪后寻找正确的瞄准线,找到正确的瞄准线后,辅助者将灯关掉,受训者保持姿势不变,待适应新的光照条件后,感受觇孔与准星的平正关系。

（2）昼夜过渡法。昼夜过渡训练是夜间射击训练的必要过程,能有效地帮助射手辨别正确的瞄准情况。

（3）堵物法。堵物法就是将觇孔座两侧类似缺口的空隙填充好,这样后方瞄准照门只有觇孔一个位置可以透光,可以有效地帮助射手认识觇孔,适应以后去除填充物,让射手学会在多个透光区中辨别真正的觇孔。

（4）距离递增法。训练中,对于难以找到觇孔、准星的射手,可先进行近距离的瞄准训练,再进行远距离的瞄准训练。近距离的标准以射手能找到觇孔、准星为宜,待能够瞄准目标后再逐渐增大射击距离。

（三）95-1式自动步枪（荧光点较明显）对照明目标射击的方法

射击方法如下。

（1）抬。射手首先微抬头看清目标,然后稍抬枪口使枪概略指向目标,利用准星护圈两侧的荧光点和目标反光找到准星。

（2）对。正确贴腮,停止呼吸,使准星对准目标中央,并开始预压扳机。

（3）降。保持准星与目标的平正关系,慢慢降低准星的同时缓慢低头,当觇孔下方的荧光点进入视线后,使准星上沿中央在荧光点上方露出1~2毫米,即为正确瞄准。

（4）扣。当目标被概略瞄准时,应果断击发,切忌犹豫不决造成眼花。击发的瞬间,保持身体姿势、据枪动作、瞄准三不变。

95-1式自动步枪对照明目标射击的动作要点及练习方法同95（03）式自动步枪,但在训练过程中要强调95-1式自动步枪可利用荧光点进行射击这一特殊性。

执勤、处突过程中遇到采用探照灯、车灯等较强光亮照明的目标,同白天一样进行射击。如果照明时间较短（如采用信号弹、照明弹照明）,应迅速地向目标实施概略瞄准射击。射击时,射手应选择较暗的位置,以隐蔽自己,尽量不要直视光源,以免造成眼花。

三、对照明目标射击的要求

（一）始终保持枪面平正

有些射手为了看清觇孔（缺口）和准星,头部会过于往前靠,并且贴腮过紧,将枪颈向右挤压,左手又没注意扶正枪面而导致枪面倾斜,还有些射手则由于射击训练基础不牢,据枪时习惯性地将枪面向某一侧倾斜。针对这种情况,应强调据枪时要保持枪面平正,贴腮位置要正确,必要时,可在白天练习闭眼据枪,据好枪后,睁开眼睛检查枪面是否平正。

（二）果断击发,但不猛扣扳机

有些射手射击时缺乏自信,总是觉得自己没有瞄准,于是犹豫不决,结果错失击发机会。针对这种情况,应强调夜间要瞄准得十分精确比较困难,只要概略瞄准目标,就应当果断击发。对猛扣扳机者要反复强调预压扳机,均匀地扣压扳机,边瞄边扣。

(三)瞄准时间不宜过长

夜间射击时,有些射手总是觉得自己没有瞄准,瞄准时间过长,结果造成眼睛疲劳,视线模糊,影响射击效果。针对这种情况,应帮助射手分析夜间瞄准时,能见度低,只能概略瞄准,过于追求瞄准精度只会适得其反,使其明确瞄准时间过长的弊端,养成果断击发的习惯。

第六节 抵近射击

抵近射击,是目标在近距离内突然出现时,射手在来不及选择有利的射击位置据枪、瞄准的紧急情况下采用的一种射击方法。抵近射击对提高射手遇到紧急情况时,快速使用手中的武器消灭敌人的能力具有重要意义。

一、抵近射击的特点

抵近射击可作为射手掌握基本的射击技能后的应用练习,其主要特点如下。

(一)准备时间短

射手在运动过程中发现目标后,需要快速完成打开保险、拉枪机送子弹上膛、概略瞄准、击发等一系列动作,难度较大。

(二)动作要求高

从显示目标到射击结束通常只有 5 秒的时间。射手在这 5 秒的时间内要完成 3 次射击。射手快速击发时,从预压扳机到击发的过程非常短,如果据枪用力不当,猛扣扳机,就容易造成瞄准线偏移,导致脱靶。

(三)精确瞄准困难

抵近射击时,立姿无依托据枪姿势决定了其稳定性差,加上运动后马上射击,没有足够的时间调整姿势和呼吸,据枪晃动增大,很难做到精确瞄准。

(四)心理影响大

通常情况下,难度越大的训练科目对射手的心理素质要求越高。无论是从据枪的稳定性来说,还是从完成射击的时间来说,抵近射击的难度都比对不动目标射击、夜间射击等训练科目的难度大。射手进行抵近射击时很容易过度紧张,导致动作变形,影响射击效果。

二、抵近射击的方法

(一)操枪动作

在挂枪的基础上,左手握护木(护盖)或弹匣,左肘自然下垂,小臂里合于枪身下方,右手握握把,大臂自然抬起,两手正直向后用力,使枪托正直抵在肩窝,保持枪面平正,两眼注视目标,用余光看准星座,两手协力将枪概略指向目标(见图 4-78)。

图 4-78 抵近射击操枪动作

（二）射击方法

射手在听到"立姿,装子弹"的口令后,装子弹(不上膛),保险处于关闭状态。指挥员下达"前进"的口令后,射手以约1米/秒的速度搜索前进,保持枪面向上,枪身略成水平。目标出现后,射手自行打开保险,拉枪机送子弹上膛,在快速概略瞄准目标的同时大胆预压扳机,果断击发。击发后快速松开扳机,转入下一次扳机预压。如此反复,快速完成3次射击。

（三）练习方法

1. 基础动作练习

（1）读秒体会练习。

（2）空包弹辅助练习。

（3）实弹计时训练。

2. 分解练习

（1）三固练习,即固定距离、固定姿势、固定目标进行练习。

（2）固动结合练习：一是靶动人不动；二是人动靶不动。

（3）按射击条件模拟练习。

3. 心理素质训练

（1）模拟心理紧张练习。

（2）心理暗示练习。

三、抵近射击的要求

（一）概略瞄准,快速击发

射击时,有些射手缺乏自信,总是觉得自己没有瞄准,瞄准时间过长,结果错失击发机会,影响射击效果。针对这种情况,应帮助射手分析抵近射击的特点,使其明确实战中,抵近射击应该先追求"快",再追求"准",要尽可能做到先于对方开火,压制对方。

（二）人枪一体,枪随眼走

搜索前进时,有些射手将主要精力放在寻找目标上,忽视了据枪动作,抵肩、贴腮不到位,或者枪身轴线不能跟随目光移动,导致发现目标后还要重新调整据枪姿势或瞄准,这样容易错失击发机会。针对这种情况,应强调两手适当用力,始终保持正确抵肩、贴腮,让枪成为身体的一部分。另外,还要反复练习枪身轴线跟随目光移动,养成枪随眼走的良好习惯。

（三）稳步前移,上体前倾

搜索前进时,如果步幅、步速不均匀,会造成呼吸、心跳不平稳,身体起伏过大,从而造成据枪不稳；如果身体前倾不够,击发时后坐会导致上体后仰,枪口抬高,影响射击效果。针对这种情况,应强调抵近射击击发机会稍纵即逝的特点,使射手认清打牢动作基础和养成良好习惯的重要性。对于上体前倾不够者,可进行据枪练习或负重练习；对于搜索前进时身体起伏过大者,可反复进行步法练习,力求步幅、步速均匀,呼吸、心跳平稳。条件允许时可进行正误对比,让射手感受其区别。

附录 4-A　实弹射击的组织与实施

实弹射击主要包括体验性实弹射击和检验性实弹射击,目的是提高和检验受训者的射击技能。实弹射击必须严格按照《军事训练与考核大纲》规定的射击条件和要求组织和实施,从实战需要出发,提高受训者独立完成射击任务的能力,并严防各种事故的发生。组织和实施实弹射击,还应考虑场地、器材及勤务情况。实弹射击前后,应向上级请示、报告。实弹射击的组织与实施通常按下列步骤进行。

一、实弹射击准备

(一) 明确指挥员

实弹射击前,通常应指定一名射击场指挥员,下设若干名地段指挥员及一名靶壕指挥员。各指挥员要认真熟悉《军事训练与考核大纲》,掌握实弹射击的有关条件和规定。

(二) 设置射击场地

实弹射击通常在本部(分)队的实弹射击场进行。如需选择射击场地,应根据实弹射击的条件选择地形比较平坦,视野开阔,有可靠的靶挡,便于构筑靶壕,避开居民用地、交通要道、高压线的场地。靶壕深度不得小于 2 米,进、出口要构筑在靶壕两侧,靶挡的高度不得低于射击距离的 1/8。

射击场应标示出出发地线、射击地线、靶壕及指挥员、发弹员、记录员、信号员、修械员、医务员等的位置,并规定待考区和已考区。根据射击条件,靶位的间隔一般不小于 4 米,可用旗帜或标牌进行标示,出发地线至射击地线的距离不少于 20 米,并用同样的方法进行标示,在警戒区域和警戒线上应插上红旗。夜间射击时,可用红灯标示出各地线和警戒区域的位置。

应用射击场应根据《军事训练与考核大纲》规定的应用射击条件设置,并结合实际地形,将其分为目标显示区、射击区和保障区。目标的数量应根据射击场地的条件和射击人数确定。设置射击区时应考虑受训者的出发位置、行进方向,行进路线不得交叉,间隔不小于 8 米。保障区位于射击区后侧。

射击场通常采取有线通信、无线通信和简易信号通信等方式进行联络。简易信号通信可运用信号弹、信号旗、灯光等。

(三) 准备武器、弹药和各种器材

1. 准备武器、弹药

实弹射击前,指挥员应组织受训者认真擦拭武器,检查武器是否符合射击要求,必要时,还要试枪和矫正射效,并根据练习条件和射击人数准备好弹药。

2. 准备各种器材

实弹射击前,还要根据练习条件和射击人数拟订好器材准备计划,然后具体落实。需要准备的器材有:靶板、靶纸及报靶杆;靶位号牌、勤务人员(指挥员、记录员、发弹员、信号员、修械员和医务员等)位置标示牌;开始及停止射击信号旗、警戒旗、指挥旗、出发地线标示旗(牌)、射击地线标示旗(牌)和靶壕地段标示旗;信号枪、信号弹、警报器、小喇叭、口哨;指挥员及各种勤务人员袖标;望远镜、秒表、成绩登记表;通信器材(如电话、对讲机等)。

（四）培训勤务人员

实弹射击前,应根据实际需要确定各类勤务人员的数量,并组织培训。各类勤务人员的基本职责如下。

(1) 射击场指挥员:负责设置射击场地,派遣勤务人员,组织指挥射击,监督全体人员遵守射击场的各项规定,处理射击中的意外情况。

(2) 地段指挥员:在射击场指挥员的领导下,负责指挥本地段的射击。

(3) 靶壕指挥员:在射击场指挥员的领导下,负责组织设靶、示靶、报靶、补靶及处理有关问题。

(4) 警戒人员:负责全场的警戒工作,严禁无关人员和牲畜进入警戒区域,发现险情,应立即发出信号并向射击场指挥员报告。

(5) 信号员:根据射击场指挥员的命令发出各种信号,负责观察警戒区域内的情况,发现险情,立即报告。

(6) 示靶员:在靶壕指挥员的统一指挥下,负责设靶、示靶、报靶和补靶等工作。

(7) 发弹员:根据射击场指挥员的命令,按规定弹种、数量将子弹发给受训者。射击结束后,负责清查、收回剩余的子弹。

(8) 记录员:负责记录受训者的个人成绩,并统计单位成绩。

(9) 修械员:负责修理、调换枪支,排除故障。

(10) 医务员:负责射击场人员的抵近救护。

二、实弹射击实施

（一）实弹射击开始前的工作

(1) 清点人数,检查武器、弹药和各种器材的携带情况,宣布射击条件。

(2) 明确射击的有关规定、注意事项和射击场有关人员的职责。

(3) 明确报靶的方法和各种信(记)号。

(4) 宣布射击编组名单(明确组序和射击靶位号)。

(5) 派出警戒人员搜索警戒区域,警戒人员搜索完毕后回到警戒位置,实施严密封锁,向射击场指挥员报告并发出安全信号。

(6) 靶壕指挥员组织示靶员设靶,其他勤务人员就位。

(7) 准备射击的信号发出后,示靶员应迅速隐蔽,并出示红旗或发出可以射击的信号。

（二）实弹射击的具体实施

(1) 指挥员命令信号员发出信号并竖起红旗。

(2) 指挥员下达"第一组向出发地线前进"的口令,第一组受训者按照指挥员的口令依次行进至出发地线,并对正各自的射击位置成立正姿势,然后指挥员下达"发弹员,发弹"的口令,发弹员按规定弹种、数量将子弹发给受训者,受训者认真检查子弹后将子弹装入弹匣,装入弹袋内并扣好。

(3) 指挥员下达"向射击地线前进"的口令,受训者对正自己的靶位,成一条线并列前进至射击地线后自行立定。

(4) 指挥员下达"卧姿,装子弹"的口令,受训者按动作要领装子弹、选定表尺分划,做好射击准备,然后进行射击。

(5) 规定的射击时间结束或目标按规定的次数显示完毕后,指挥员应立即下达"停止射击"的口令,受训者听到口令后应立即停止射击。然后指挥员下达"退子弹,起立"的口令,受训者听到口令后退子弹起立。

(6) 指挥员下达"验枪"和"验枪完毕"的口令,地段指挥员严格检查,逐个验枪,收缴剩余子弹并举旗示意。

(7) 验枪后,指挥员下达"向×号受训者靠拢"的口令,受训者迅速靠拢,然后指挥员命令组长按规定路线将组员带至已考区。

(8) 指挥员发出报靶的信号,信号员竖起白旗,并通知靶壕勤务人员验靶。靶壕指挥员先命令示靶员竖起白旗,再组织示靶员验靶、报靶和补靶,并登记射击成绩。

其余各组按上述方法依次进行射击,直至射击完毕。未轮到的各组,由射击场指挥员指定负责人组织在待考区待命或在预习场地进行预习。

组织应用射击时,指挥员应首先组织受训者行进至出发地线,然后命令发弹员发弹,并向受训者宣布射击任务、前进方向、射击区域等。受训者做好射击准备后,指挥员指挥示靶员逐次显示目标,受训者根据射击条件发现目标后自行射击,直至完成射击任务。射击过程中,指挥员不得为受训者指示目标,非协同射击时,受训者严禁互相支援。

三、实弹射击结束

(1) 指挥员应严格组织受训者验枪。
(2) 指挥员命令信号员发出射击结束的信号。
(3) 组织射击场的所有勤务人员和参加实弹射击的部分人员清理现场,整理器材,检查武器和器材有无丢失或损坏。
(4) 将分队带到预定的集合地点,宣布射击成绩并进行讲评。
(5) 向上级报告实弹射击的情况。

附录 4-B 实弹射击的有关规定和安全规则

一、实弹射击的有关规定

(1) 各种武器对不动目标的实弹射击,都应在良好的天气条件下实施。其他练习,不受天气条件的限制,可结合本部队担负的任务实施。

(2) 实弹射击时,受训者必须使用手中的武器,如果因武器机件损坏或射效不合格而又无法矫正,需要更换武器,必须经过大队(营)以上领导批准。

(3) 设置目标,除胸环靶纸可留白边外,其他靶型的靶纸一律不准留白边,并且不得以胸环靶代替胸靶。

(4) 组织实弹射击时,受训者行进到出发地线后,指挥员命令发弹员发弹,并规定射击目标。待示靶员发出可以射击的信号后,指挥员下达"向射击地线前进"的口令,受训者进入射击地线,按指挥员的口令做好射击准备,然后进行射击。射击完毕后在原地验枪。验枪后,发出报靶的信号。

（5）应用射击，是融技术、战术于一体的射击练习，可以提高受训者在近似实战的条件下独立地观察目标，测定距离，选定表尺分划，选择姿势，迅速、准确地消灭各种目标的技能。指挥员在指挥射击时，不得以任何方式指示目标。

（6）凡是有时间限制的练习，规定时间一到，指挥员应立即下达"停止射击"的口令，受训者听到口令后应立即停止射击。

（7）射击中发生故障，如果是受训者操作不当造成的，受训者应自行排除故障后继续射击；如果是武器、子弹等原因造成的，扣除排除故障的时间，补发子弹后继续射击，如果条件不允许，可重新射击。

（8）对胸环靶射击时，命中环线算内环。

（9）不及格者可补射一次算个人成绩，不计算在单位成绩内。

二、实弹射击的安全规则

（1）射击场必须具有可靠的靶挡和确保安全的靶壕，并且应避开高压线和其他重要设施。

（2）实弹射击前，必须仔细搜索警戒区域，设置警戒旗。必要时，应预先将射击开始和结束的时间、危险区域及射击场的有关信号通知当地有关单位。

（3）射击前后必须验枪；无论枪内是否有子弹，受训者都不得将枪口对着人；严禁将装有实弹的武器随意放置或交给他人；严禁将实弹和教练弹混在一起；没有指挥员的命令，受训者不得装子弹。

（4）射击前，应让全体人员明确开始射击、停止射击、报靶等各种信号。

（5）射击场应标示出出发地线和射击地线，无关人员不得越过出发地线。

（6）准备射击的信号发出后，示靶员应迅速隐蔽，并出示红旗或发出可以射击的信号。靶壕内若发生特殊情况需要立即停止射击，示靶员应出示白旗或用其他规定的方法向指挥员报告。受训者看到白旗或听到停止射击的口令后，应立即停止射击，并关保险。

第五章 基本战术动作

DIWUZHANG

士兵在执勤、处置突发事件时,或在反恐怖行动、防卫作战中,为了有效地保护自己,捕获犯罪分子,消灭敌人,必须熟练掌握和灵活运用各种战术动作。

第一节 持 枪

持枪是士兵在战斗中为了便于运动、便于观察、便于射击而采取的携带武器的方法。根据不同的敌情、地形和距离,应采取不同的持枪动作。

一、单手持枪

(一)单手持81(03)式自动步枪

口令:单手持枪。

动作要领:右臂微屈,右手虎口正对护木握枪,背带上挑压于拇指下,用五指的握力使枪身稳固,枪身轴线与地面约成45度角,枪身距身体右侧约10厘米,左臂自然下垂,运动时自然摆动(见图5-1)。

动作要点如下。

(1)虎口正对护木握枪。

(2)枪身轴线与地面约成45度角,枪身稳固。

(二)单手持95(95-1)式自动步枪

口令:单手持枪。

动作要领:右臂微屈,右手握提把,拇指贴于提把卡槽,背带压于拇指下(或自然下垂),用右手的握力使枪身稳固,枪身略成水平,枪身距身体右侧约10厘米,左臂自然下垂,运动时自然摆动(见图5-2)。安装瞄准镜时,通常不采用单手持枪的方法持枪。

图5-1 单手持81(03)式自动步枪

图5-2 单手持95(95-1)式自动步枪

动作要点如下。
(1) 用右手的握力使枪身稳固,拇指贴于提把卡槽。
(2) 枪身略成水平。

二、单手擎枪

(一) 单手擎81(03)式自动步枪

口令:单手擎枪。

动作要领:右手正握握把,食指贴于扳机护圈,将枪置于身体右侧,枪口向上,机匣末端贴于肩窝,枪身微向前倾,枪面向后,右大臂里合,枪托贴于右肋,背带自然下垂,目视前方,左臂自然下垂,运动时自然摆动(见图5-3)。

动作要点如下。
(1) 机匣末端贴于肩窝,枪身微向前倾。
(2) 右大臂里合,枪托贴于右肋,枪身稳固。

(二) 单手擎95(95-1)式自动步枪

口令:单手擎枪。

动作要领:右手正握握把,食指贴于扳机护圈,将枪置于身体右侧,枪口向上,上护盖末端略低于肩,枪身微向前倾,枪面向后,右大臂里合,枪托贴于右肋,背带自然下垂,目视前方,左臂自然下垂,运动时自然摆动(见图5-4)。

动作要点如下。
(1) 上护盖末端略低于肩,枪身微向前倾。
(2) 右大臂里合,枪托贴于右肋,枪身稳固。

图5-3　单手擎81(03)式自动步枪　　　图5-4　单手擎95(95-1)式自动步枪

三、双手持枪

(一) 双手持81(03)式自动步枪

口令:双手持枪。

动作要领:左手握护木或弹匣弯曲部位,右手握握把,食指贴于扳机护圈,将枪置于胸前,枪口向前,枪身略成水平,背带自然下垂或挂在后颈上(见图5-5)。

动作要点如下。

(1) 双手协力,枪身稳固。

(2) 枪口向前,枪身略成水平。

(二) 双手持95(95-1)式自动步枪

口令:双手持枪。

动作要领:左手托握下护盖,右手握握把,食指贴于扳机护圈,将枪置于胸前,枪口向前稍向左,枪身略成水平,背带自然下垂或挂在后颈上(见图5-6)。

动作要点:枪口向前稍向左,枪身略成水平。

图5-5 双手持81(03)式自动步枪　　　图5-6 双手持95(95-1)式自动步枪

四、双手擎枪

(一) 双手擎81(03)式自动步枪

口令:双手擎枪。

动作要领:在单手擎枪的基础上,左手握护木或弹匣弯曲部位,枪身略低,背带自然下垂或压于左手下,身体与射向约成30度角(见图5-7)。

动作要点:双手协力,枪身稳固,身体与射向约成30度角。

(二) 双手擎95(95-1)式自动步枪

口令:双手擎枪。

动作要领:在单手擎枪的基础上,左手握下护盖,枪身略低,背带自然下垂或压于左手下,身体与射向约成30度角(见图5-8)。

动作要点:双手协力,枪身稳固,身体与射向约成30度角。

五、挂枪

(一) 81(03)式自动步枪挂枪

口令:挂枪。

动作要领:在单手持枪的基础上,右手将枪向前送出,左手接握护木,右手移握握把的同时,

图 5-7　双手擎 81(03)式自动步枪　　图 5-8　双手擎 95(95-1)式自动步枪

左手手背顺势向左胸前挑起背带(左手虎口卡住背带),右手将枪口稍向上抬,左手将背带从头上套过,落于后颈上,左手移握护木,两手协力使枪身轴线与地面约成 45 度角,枪口向下,左臂肘部自然轻贴左肋,右手正握握把,枪托轻贴右大臂(见图 5-9)。

动作要点如下。

(1)左手握护木,右手握握把。

(2)枪身轴线与地面约成 45 度角,枪口向下。

(二)95(95-1)式自动步枪挂枪

口令:挂枪。

动作要领:在单手持枪的基础上,右手将枪向前送出,左手接握提把,右手移握握把的同时,左手手背顺势向左胸前挑起背带(左手虎口卡住背带),右手将枪口稍向上抬,左手将背带从头上套过,落于后颈上,左手移握下护盖,两手协力使枪身轴线与地面约成 45 度角,枪口向下,左臂肘部自然轻贴左肋,右手正握握把,枪托轻贴右大臂(见图 5-10)。

动作要点如下。

(1)左手握下护盖,右手握握把。

(2)枪身轴线与地面约成 45 度角,枪口向下。

图 5-9　81(03)式自动步枪挂枪　　图 5-10　95(95-1)式自动步枪挂枪

六、警戒持枪

图 5-11 警戒持枪

警戒持枪,分为上步警戒持枪和撤步警戒持枪。两种警戒持枪方法应根据地形条件灵活选用。

口令:警戒持枪。

动作要领:在挂枪的基础上,左脚向前(或右脚向后)一步,两脚约与肩同宽,两腿微屈,身体侧对目标方向,两手协力将枪托抵于肩窝,枪身轴线与地面约成 45 度角,枪口向下,约与膝同高,距左膝约 40 厘米,左手握护盖,右手正握握把,两眼注视目标方向(见图 5-11)。

动作要点如下。

(1) 两脚约与肩同宽,两腿微屈。
(2) 枪托抵于肩窝,枪身轴线与地面约成 45 度度,枪口向下,约与膝同高。

第二节 卧倒和起立

卧倒是隐蔽自己,发扬火力的基本方法,分为徒手卧倒、单手持枪卧倒、双手持枪卧倒和反向卧倒。

一、徒手卧倒和起立

口令:卧倒;起立。

动作要领:听到"卧倒"的口令后,左脚向前迈出一大步,同时身体前倾,两眼注视前方,重心落于左脚,左手顺着左脚方向伸出,掌心向下稍向右,按照左手、左膝、左肘的顺序着地,迅速卧倒,左小臂横贴于地面,右手腕压在左手腕上,两手手心向下,两腿伸直,两脚分开,约与肩同宽,脚尖向外(见图 5-12)。必要时,也可右脚向前迈出一大步,右手撑地迅速卧倒。听到"起立"的口令后,转身向右,两眼注视前方,左腿自然微屈,左小臂稍向里合,利用左手、左肘、左膝的力量将身体撑起,同时右脚向前一大步,左脚再向前一步,右脚靠拢左脚,成立正姿势。

图 5-12 徒手卧倒

动作要点:左脚一大步,左手顺伸出,手膝肘着地,两眼目标注。

二、单手持枪卧倒和起立

(一) 单手持 81(03)式自动步枪卧倒和起立

口令:卧倒;起立。

动作要领:听到"卧倒"的口令后,左脚向前迈出一大步,同时身体前倾,按照左手、左膝、左肘的顺序着地,卧倒后,左臂前伸,左腿弯曲,右腿伸直,右手握住护木,枪托轻贴地面,两眼注视前方。需要射击时,右手将枪向目标方向送出,左手接握护木或弹匣弯曲部位,同时,全身伏地,右手收回,打开保险,移握握把,成据枪射击姿势(见图5-13)。起立时,右手移握护木,收枪的同时屈左腿于右腿下,收回左小臂,利用左臂和两腿的力量撑起身体,右脚向前一大步,左脚再向前一步,右脚靠拢左脚,成单手持枪立正姿势。

动作要点:左脚一大步,左手顺伸出,手膝肘着地,顺势将枪出。

图 5-13　单手持81(03)式自动步枪卧倒

(二) 单手持95(95-1)式自动步枪卧倒和起立

口令:卧倒;起立。

动作要领:听到"卧倒"的口令后,左脚向前迈出一大步,同时身体前倾,按照左手、左膝、左肘的顺序着地,卧倒后,左臂前伸,左腿弯曲,右腿伸直,右手握住提把,两眼注视前方。需要射击时,右手迅速将枪向目标方向送出,左手托握下护盖,同时,全身伏地,右手收回,打开保险,移握握把,成据枪射击姿势(见图5-14)。安装瞄准镜时,通常不采用单手持枪卧倒的方法卧倒。起立时,右手移握提把,收枪的同时屈左腿于右腿下,收回左小臂,利用左臂和两腿的力量撑起身体,右脚向前一大步,左脚再向前一步,右脚靠拢左脚,成单手持枪立正姿势。

动作要点:左脚一大步,左手顺伸出,手膝肘着地,顺势将枪出。

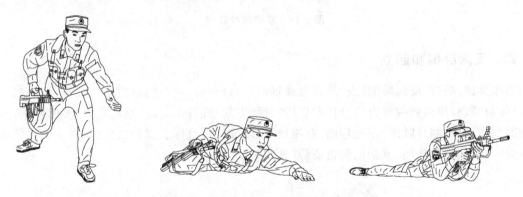

图 5-14　单手持95(95-1)式自动步枪卧倒

三、双手持枪卧倒和起立

口令:卧倒;起立。

动作要领:听到"卧倒"的口令后,左脚向前迈出一大步,身体前倾,重心前移,按照左膝、左肘、左小臂的顺序着地,然后转体,在全身伏地的同时,两手协力将枪向目标方向送出(地面松软时,也可按照双膝、双肘、腹部的顺序着地卧倒)(见图5-15)。起立时,两眼注视前方,迅速收腹、提臀,用两肘和两膝支撑身体,右脚向前一大步,左脚再向前一步,顺势起立,右脚靠拢左脚,成双手持枪立正姿势。

动作要点:左脚一大步,膝肘臂着地,两手协力将枪出。

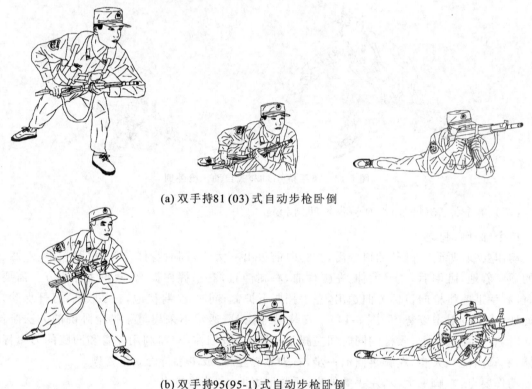

(a) 双手持81(03)式自动步枪卧倒

(b) 双手持95(95-1)式自动步枪卧倒

图 5-15　双手持枪卧倒

四、反向卧倒和起立

动作要领:听到"反向卧倒"或"后方发现目标"的口令后,左脚向前迈出一大步,左手向前伸出,身体前倾,利用两脚的蹬力将身体向后(逆时针方向)旋转180度,重心左倾,按照左手、左腿外侧的顺序着地,侧身卧倒,左腿弯曲,右腿伸直,两眼注视目标。需要射击时,右手迅速将枪向目标方向送出,全身伏地,成据枪射击姿势(见图5-16)。

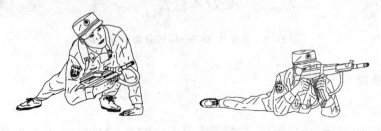

图 5-16　反向卧倒

第三节 前 进

前进,是避开敌人的火力,隐蔽接近目标的基本运动方法。

一、直身前进

直身前进是在距敌人较远,地形隐蔽,敌人观察、射击不到时采用的运动方法。
口令:前方××米处,直身前进。
动作要领:两眼注视前方,右手持枪,大步或快步前进。
动作要点:两眼注视前方,快速前进。

二、屈身前进

屈身前进是在遮蔽物略低于人体时采用的运动方法。
口令:前方××米处,屈身前进。
动作要领:两眼注视前方,右手持枪,上体前倾,头部不要高出遮蔽物,两腿弯曲(屈身程度根据遮蔽物的高低确定),大步或快步前进(见图5-17)。
动作要点:上体前倾,两腿弯曲,快速前进。

图5-17 屈身前进

三、匍匐前进

匍匐前进是在敌步枪、机枪火力封锁地段较短或遮蔽物较低时采用的运动方法。匍匐前进可分为低姿匍匐前进、侧身匍匐前进和高姿匍匐前进。

(一)低姿匍匐前进

低姿匍匐前进通常在遮蔽物的高度约为40厘米时采用。
口令:前方××米处,低姿匍匐前进。
动作要领:腹部贴于地面,屈右腿,伸出左手,用右脚内侧的蹬力和左手的扒力使身体前移,在移动的同时,屈左腿,伸出右手,用左脚内侧的蹬力和右手的扒力使身体继续前移,依次交替前进(见图5-18)。

动作要点：腹部紧贴地，手脚配合紧，快速向前进。

（二）侧身匍匐前进

侧身匍匐前进通常在遮蔽物的高度约为60厘米时采用。

口令：前方××米处，侧身匍匐前进。

动作要领：身体左侧及左小臂着地，左大臂向前倾斜支撑上体，左腿略弯曲，右腿收回，右脚靠近臀部着地，右手握枪，用左小臂的扒力和右脚跟的蹬力使身体前移（见图5-19）。

动作要点：左臂支上体，左腿略弯曲，左臂使扒力，右脚用蹬力，手脚配合紧，快速向前进。

图5-18　低姿匍匐前进　　　　　　　　　图5-19　侧身匍匐前进

四、跃进

跃进是在敌人的火力下迅速通过开阔地段时采用的运动方法。跃进前，应先观察前方的地形，选择好前进路线和暂停位置，然后迅速前进。

（一）单手持枪跃进

单手持枪跃进通常在距敌人较远，地形较平坦时采用。

口令：前方××米处，持枪跃进。

动作要领：卧姿跃起时，可先向左（右）移（滚）动，以迷惑敌人。自动步枪手应迅速收枪，同时屈左腿，右手持枪，利用左手、左膝、左脚的力量将身体撑起，右脚向前迈出一大步，左脚再迈出一大步，同时，左手挑起背带，压于右手拇指内侧，出右脚迅速前进。跪姿、立姿时，应迅速利用两脚的蹬力跃起前进。前进时，右手持枪，两眼注视前方，屈身快跑。跃进的距离根据敌人火力的威胁程度、地形特点和士兵的身体素质来确定。敌人的火力越猛，速度应越快，跃进的距离越短。战士体质较强时，跃进距离可适当增加。跃进速度通常为5米/秒，每次跃进距离不超过30米。当跃进到暂停位置或遭到敌人火力的猛烈攻击时，应迅速隐蔽或卧倒。

动作要点：持枪稳，起身快，跃进快，卧倒快。

（二）双手持枪跃进

双手持枪跃进通常在距敌人较近，地形较复杂时采用。

口令：前方××米处，端枪跃进。

动作要领：卧姿跃起时，可先向左（右）移（滚）动，以迷惑敌人，然后迅速收腹、提臀，用肘、膝撑起身体，左脚向前一大步，右脚向前跟进，迅速前进。跪姿、立姿时，应迅速利用两脚的蹬力跃起前进。前进时，左肘离开身体，左小臂略平，左手虎口正对枪面，右手握握把，枪托轻贴右胯，枪身轴线与地面约成45度角，枪面稍向左，两腿弯曲，收腹，含胸，屈身快跑。

动作要点：双手协力持枪，起身快，跃进快，卧倒快。

五、滚进

滚进是在卧姿时，为避开敌人观察、射击经常采用的运动方法。

口令：向左（右）××米处，滚进。

动作要领：关上保险，左手握护盖，右手握枪颈附近，枪面向右，将枪置于胸、腹前抱紧，两臂尽量向里合，两脚腕交叉或紧紧并拢，全身用力向指定方向滚进（见图5-20）。

动作要点：左手握护盖，右手握枪颈，两臂尽量合，全身协力向前移。

运动中，也可在卧倒的同时向指定的方向滚进。

动作要领：左（右）脚向前一大步，左手在左（右）脚前着地，身体尽量下塌，右手将枪置于小臂内侧，身体向右（左）侧，枪面向右，在右（左）臂、右（左）肩着地的同时，向右（左）滚进，滚进时，右（左）腿伸直，左（右）腿微屈，滚进距离长时可两腿夹紧（见图5-21）。

动作要点：向前一大步，左手脚前撑，枪置小臂内，身体左（右）滚进，动作连贯方向准。

图 5-20　滚进　　　　　　　　　　图 5-21　运动中转为滚进

第四节　临危反应基础动作

临危反应基础动作是指士兵在搜索行动中突然发现敌情或遇到危险时做出的动作。

一、滚翻卧倒、双腿跪坐和闪身

（一）滚翻卧倒

口令：左（右）滚翻卧倒；停。

动作要领：在挂枪或端枪的基础上，遇到突发情况时，迅速下蹲、低头、含胸、收枪，同时，两脚蹬地向左（右）团身，左（右）肩、背部、臀部、双脚依次着地滚动，左手撑地，两腿后伸，身体正面着地，成卧姿战斗姿势（见图5-22）。

动作要点：下蹲、低头、含胸、收枪迅速协调，滚动方向准确。

图 5-22　滚翻卧倒

（二）双腿跪坐

口令：双腿跪坐；停。

动作要领：左脚上步，收腹，含胸，上体前倾，两膝微屈，双手协同出枪，右脚前移，与左脚平行，上体后倾，双膝前伸着地，臀部后坐，枪口指向目标（见图 5-23）。

图 5-23 双腿跪坐

动作要点如下。

（1）收腹，含胸，上体前倾。

（2）双膝前伸着地，臀部后坐，枪口指向目标。

（三）左（右）闪身

口令：左（右）闪身；停。

动作要领：在双手持枪的基础上，左（右）脚突然向左（右）侧滑一步，同时身体重心下降，两腿自然分开成半蹲姿势，枪口指向目标。

动作要点：闪身快，出枪快。

（四）撤步闪身

口令：左（右）后闪身；停。

动作要领：在双手持枪的基础上，左（右）脚突然向左（右）后方侧滑一步，同时身体重心下降，两腿自然分开成半蹲姿势，枪口指向目标（见图 5-24）。

动作要点：撤步快，闪身快，出枪快。

图 5-24 撤步闪身

二、转向据枪

（一）行进间转向据枪

1. 行进间向右转据枪

口令：注意！搜索前进，右方发现敌情；停。

动作要领：左脚在前时，以左脚为轴，右脚向右后方撤步的同时，身体向右转；右脚在前时，以右脚为轴，左脚向右前方迈步，身体向右转，成立姿战斗姿势。

动作要点：转身快，转向准，据枪稳。

2. 行进间向左转据枪

口令：注意！搜索前进，左方发现敌情；停。

动作要领：左脚在前时，以左脚为轴，右脚向前方迈步，身体向左转；右脚在前时，以右脚为轴，左脚向左前方迈步，身体向左转，成立姿战斗姿势。

动作要点：转身快，转向准，据枪稳。

3．行进间向后转据枪

口令：注意！搜索前进，后方发现敌情；停。

动作要领：左脚在前时，以双脚为轴，身体由右向后转，右脚向后撤步；右脚在前时，以双脚为轴，身体由左向后转，右脚跟步，成立姿战斗姿势。

动作要点：转身快，转向准，据枪稳。

（二）行进间转向成跪姿据枪

1．行进间向右转成跪姿据枪

口令：注意！搜索前进，右方发现敌情；停。

动作要领：左脚在前时，以左脚为轴，右脚向右后方撤步的同时，身体向右转，跪右膝；右脚在前时，以左脚为轴，右脚向右后方撤步的同时，身体向右转，跪右膝，成跪姿战斗姿势。

动作要点：撤步重心稳，转向出枪准。

2．行进间向左转成跪姿据枪

口令：注意！搜索前进，左方发现敌情；停。

动作要领：左脚在前时，以左脚为轴，右脚向前方迈步，身体向左转，跪右膝；右脚在前时，以右脚为轴，左脚向左前方迈步，身体向左转，跪右膝，成跪姿战斗姿势。

动作要点：跪膝重心稳，转向出枪准。

3．行进间向后转成跪姿据枪

口令：注意！搜索前进，后方发现敌情；停。

动作要领：左脚在前时，右脚向左前方迈步，以双脚为轴，身体由左向后转，右脚跟步，跪右膝；右脚在前时，以双脚为轴，身体由左向后转，右脚跟步，跪右膝，成跪姿战斗姿势。

动作要点：跪膝重心稳，转向出枪准。

第五节　利　用　地　物

地物是指地面上自然形成和人工建造的固定物体。利用地物是士兵的基本战术动作。

一、利用地物的目的与要求

利用地物的目的是隐蔽身体，发扬火力。士兵在战斗中，应选择便于观察、射击和隐蔽身体，便于接近、占领和离开，不妨碍班（组）长指挥和相邻士兵动作的有利地形，并尽量避开易燃、易爆、易倒塌的物体和难以通行的地段。

利用地物时，应根据敌情和地物的高低、大小、距离远近，采取适当的姿势，迅速、隐蔽地接近，由下至上地占领，周密、细致地观察，抓住时机出枪，突然、迅速地离开。对于不便于射击的位置，应进行改造。在不利于隐蔽的地方，不要几个人挤在一起，也不要在一个地方停留过久，以免增加伤亡。

二、利用地物的方法

（一）接近

右手持枪并握住背带，根据敌情和地物的高低、大小、距离远近，采取适当的姿势，迅速、隐蔽地接近。地物较高时，可以采取直身（屈身）前进的方法接近；地物较低时，应在离地物适当距离处，采取匍匐前进的方法接近。

（二）占领和出枪

接近地物后，应由下至上地占领，周密、细致地观察。观察时，应从右至左，由近及远反复观察。需要出枪时，可用单手或双手出枪。单手出枪时，右手握护盖，将枪向目标方向送出，左手握弹匣上部，右手移握握把，成射击姿势；双手出枪时，左手握护盖，右手握握把，两手协力将枪向目标方向送出，成射击姿势。

（三）离开

当占领的位置不便于观察、射击或根据班（组）长的指挥需要变换位置时，应迅速收枪前进，也可先采取向左（右）移动或滚动的方法迷惑敌人，再突然、迅速地离开。

三、对城区和野外常用地物的利用

在执勤和处置突发事件时，士兵应该掌握一些城区和野外常用地物的利用方法。

（一）墙角、门、窗户

利用墙角时，通常利用其右侧；利用门时，通常利用其左侧；利用窗户时，通常利用其左（右）下角，根据其高度采取适当的姿势（见图5-25和图5-26）。

图 5-25　利用墙角

图 5-26　利用窗户

（二）车辆

利用停止的车辆时，可利用车门、车窗和车轮，根据其高度采取适当的姿势；利用行驶中的车辆时，可利用车载货物、驾驶室顶部、车窗等，根据情况采取适当的姿势（见图5-27）。

（三）土（石）堆

利用土（石）堆时，通常利用其背敌面的右侧，如果视野、射界受到限制或右侧有敌人的火力威胁时，也可利用其顶部或左侧，根据其高度采取适当的姿势。如果是双峰堆，则利用其鞍部。（见图5-28）

图 5-27　利用车辆　　　　　　　图 5-28　利用土堆

（四）土坑、沟渠

利用土坑、沟渠时，通常利用其前切面，如果是纵向沟渠，则利用其弯曲部位，根据其大小、深度，采用跳跃、匍匐等方式进入，并根据其深度采取适当的姿势。（见图 5-29）

图 5-29　利用土坑

（五）树木、电线杆

利用树木、电线杆时，通常利用其右侧，根据情况采取适当的姿势。立姿时，应尽量使身体左侧紧靠树木、电线杆，右脚稍向后蹬；跪姿时，应使左脚和左小腿紧靠树木、电线杆右后侧，左肘放在左膝上，左小臂和左手紧靠树木、电线杆；卧姿时，应尽量使身体隐蔽在树木、电线杆后。（见图 5-30）

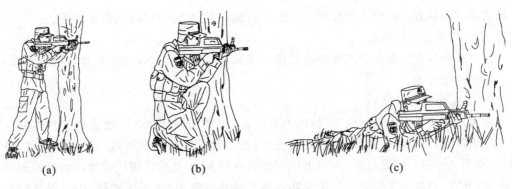

图 5-30　利用树木

第六章 防护

防护，是士兵在作战过程中防备敌人的各种常规武器和核武器、生物武器、化学武器的杀伤，有效保存自己的战斗行动。士兵既要学会对核武器、化学武器、生物武器的防护，又要学会对常规武器的防护，以适应现代条件下作战的需要。

第一节 防护基本常识

随着科学技术的不断发展，各种先进的武器装备不断出现，对部队的防护技术提出了更高的要求。这里主要介绍核武器、化学武器、生物武器，以及炮兵、航空兵和燃烧武器三种常规火力袭击的特点、分类、杀伤破坏因素和对战斗行动的影响。

一、核武器、化学武器和生物武器

（一）核武器

核武器是利用原子核进行裂变或聚变反应的瞬间释放的巨大能量产生爆炸作用，并具有大规模杀伤破坏效应的武器的总称。核武器包括原子弹、氢弹、中子弹等。

1. 核武器的分类

核武器按 TNT 当量可以分为百吨级核武器、千吨级核武器、万吨级核武器、十万吨级核武器、百万吨级核武器和千万吨级核武器。

核武器按任务使用可分为战略核武器和战术核武器。战略核武器是指为了达到战略目的而使用的远射程、大威力的核武器。战术核武器是指为了达到战役、战术目的而使用的射程较近、威力较小的核武器。

核武器按运载方式可分为核炸弹、核炮弹、核地雷、核水雷、核鱼雷、核导弹等。

2. 核武器爆炸时的景象

不同方式的核武器爆炸有其独特的景象。核武器的爆炸方式有空中爆炸、地面（水面）爆炸和地下（水下）爆炸等。

1）空中爆炸时的景象

空中爆炸时的景象的共同点是：依次出现闪光、火球、蘑菇状烟云，能听到核爆炸的巨大响声。低空爆炸时，首先出现强烈、耀眼的闪光（闪光是及时发现核爆炸的一种明显信号，持续时间很短，不到 0.4 秒），闪光过后，立即出现一个明亮的火球，然后出现核爆炸所特有的蘑菇状烟云。中空、高空、超高空爆炸时的景象与低空爆炸时的景象相似，不同的是：中空爆炸时烟云和尘柱连接较晚或不连接；高空爆炸时烟云和尘柱始终不连接；超高空爆炸时只有烟云，没有尘柱。

2) 地面爆炸时的景象

地面爆炸时的景象与空中爆炸时的景象基本相似,不同的是:火球与地面接触,近似半球形;烟云颜色深暗,尘柱粗大;尘柱和烟云始终连接在一起。

3) 地下爆炸时的景象

地下爆炸时通常看不见闪光和火球,但能听到巨大的响声,并且能在一定距离上感到强烈的震动。浅层地下爆炸时,还能形成发散状的尘柱,并形成比地面爆炸时更深、更大的弹坑。

4) 水下爆炸时的景象

水下爆炸时,在近距离处能看到一个明亮的发光区,听到低沉的爆炸声,并形成空心水柱,在水面激起巨大的波浪向四周扩散。

中子弹爆炸时,没有明显的火球和典型的蘑菇状烟云。

3. 核武器的杀伤破坏因素

核武器的杀伤破坏因素主要有冲击波、光辐射、早期核辐射、核电磁脉冲、放射性沾染。前四种杀伤破坏因素是在爆炸后的几十秒内起杀伤破坏作用的,所以又叫瞬时杀伤破坏因素。人员受到一种杀伤破坏因素的伤害叫单一伤,受到两种及以上杀伤破坏因素的伤害叫复合伤。

1) 单一伤

(1) 冲击波损伤。冲击波是核爆炸时所产生的高速高压气浪,它是由高温、高压火球猛烈地膨胀、急剧地压缩周围的空气而形成的,是核武器的主要杀伤破坏因素。

(2) 光辐射损伤。光辐射是从核爆炸时所产生的高温火球中辐射出来的光和热。光辐射对人员可造成皮肤烧伤、呼吸道烧伤、眼烧伤等。

(3) 早期核辐射损伤。早期核辐射是指核爆炸后 15 秒内释放出的中子和 X 射线所产生的辐射,可以导致人体组织细胞的变异和死亡。

(4) 放射性沾染损伤。放射性沾染是指核爆炸时所产生的放射性物质对地面、水域、空气、食物、人员、武器装备等造成的沾染,是核武器特有的杀伤破坏因素之一。

2) 复合伤

核爆炸后产生的几种瞬时杀伤破坏因素,几乎是同时作用于人员和物体的,人员受到的杀伤破坏,常常是几种杀伤破坏因素综合作用的结果,所造成的伤害或破坏常常是复合型的。复合伤的类型与 TNT 当量、距爆心的距离、防护状况有关。复合伤可分为三类:一是以放射性沾染损伤为主的复合伤;二是以烧伤为主的复合伤;三是以冲击波损伤为主的复合伤。其特点是:①伤情复杂并且逐渐加重;②复合伤中的主要损伤决定复合伤的伤情发展。

4. 核武器对战斗行动的影响

(1) 组织指挥易遭到破坏,恢复困难。

(2) 战斗人员大量减少,难以完成战斗任务。

(3) 人员和车辆机动受到极大限制。

(4) 战斗和后勤保障任务更加艰巨。

(二) 化学武器

军事行动中,以毒害作用杀伤人畜的化学物质,叫作军用毒剂(又称为化学战剂)。装填军用毒剂并将军用毒剂造成战斗状态的兵器,称为化学武器。与常规武器相比,化学武器具有杀伤范围大、杀伤途径多、伤害作用持续时间长、威慑作用大等特点,但化学武器的使用受气象、地形条件的影响大。

1. 军用毒剂的分类

军用毒剂按毒害作用可以分为神经性毒剂、糜烂性毒剂、全身中毒性毒剂、失能性毒剂、窒息性毒剂、刺激性毒剂六种。

2. 军用毒剂的战斗状态

使用化学武器后,军用毒剂起伤害作用的状态叫作战斗状态。军用毒剂的战斗状态有蒸气态、气溶胶态、液滴态和微粉态。毒剂施放后,有的是一种战斗状态,有的是几种战斗状态并存,以某一种战斗状态为主。

3. 化学武器的杀伤途径

军用毒剂的种类和战斗状态不同,化学武器对人员的杀伤途径也不一样。毒剂施放后,可通过三种途径引起人员中毒。

(1) 吸入中毒:染毒空气经呼吸道进入人体后引起的中毒。

(2) 食入中毒:误食染毒的食物、饮用染毒的水等引起的中毒。

(3) 接触中毒:皮肤、眼睛和伤口接触染毒的地面、物体后引起的中毒。

4. 化学武器对战斗行动的影响

(1) 组织指挥更为复杂。

(2) 战斗力的保持更为重要。

(3) 分队机动受到极大限制。

(4) 战斗和后勤保障任务更加艰巨。

(三) 生物武器

战争中用来伤害人畜或毁坏农作物的致病微生物及其产生的毒素称为生物战剂。装有生物战剂的各种炸弹、导弹和气溶胶发生器、布洒器等称为生物武器。生物武器具有致病力强、传染性强、污染范围广、危害时间长和难以发现等特点,但生物武器的使用受自然条件的影响大,且难以控制。

1. 生物战剂的分类

生物战剂按对人员的伤害程度可以分为失能性生物战剂和致死性生物战剂;按所致疾病有无传染性可以分为传染性生物战剂和非传染性生物战剂;按致病微生物的种类可以分为细菌、衣原体、病毒、真菌和毒素等。

2. 生物战剂的施放方式

(1) 施放生物战剂气溶胶(固态或液态生物战剂微粒在空气中形成的悬浮体,称为生物战剂气溶胶)。这是施放生物战剂的主要方式。主要器材有生物弹、气溶胶发生器、气溶胶布洒器等。

(2) 投掷带菌媒介物。将带菌昆虫装在特制的容器里,用飞机等投放。主要器材有四格弹、带降落伞的硬纸筒等。

(3) 派遣专门人员施放生物战剂。派遣特务施放生物战剂,污染水源、食物、通风管道,或撤离时遗弃染菌的物品等。

3. 生物武器的杀伤途径

1) 生物战剂侵入人体的途径

(1) 吸入：被生物战剂污染的空气可从呼吸道进入人体。
(2) 误食（饮）：被生物战剂污染的水、食物等，可从消化道进入人体。
(3) 皮肤接触：生物战剂可经皮肤、伤口等进入人体。
2）生物战剂的致病症状
生物战剂侵入人体后，会破坏人员的生理功能而使人员发病。大多数生物战剂侵入人体后，会使人员出现发热、头痛、全身无力、上吐下泻、咳嗽、恶心、呼吸困难、局部或全身疼痛等症状。

4. 生物武器对战斗行动的影响
生物武器对战斗行动的影响如下。
(1) 对组织指挥的影响。分队遭到生物武器的袭击后，防护十分复杂。
(2) 对分队战斗力的影响。生物武器虽然不像核武器、化学武器那样有瞬时杀伤的作用，但它毒性大，致病力强，污染范围广，一旦人员染毒，将造成非战斗性减员。
(3) 对分队机动的影响。为了防止疾病流行，通常会采用封锁疫区的方法。

二、常规火力袭击

火力，是指各种弹药经发射、投掷或者引爆后所产生的杀伤力和破坏力。
常规武器火力分为地面火力和空中火力。其中，地面火力又可以分为轻武器火力和炮兵火力。轻武器火力主要以各种枪支射弹来杀伤人员，如自动步枪、冲锋枪、机枪等。它具有方向性强、速度快的特点，但火力的威力相对较弱。炮兵火力和空中火力主要以各种炮弹、炸弹、火箭弹、导弹的弹片来杀伤人员，破坏各种设施。它具有火力猛、精度高、射程远、覆盖面积大等特点。
常规火力袭击主要包括炮兵、航空兵和燃烧武器三种，具有行动突然、手段多样、攻击距离远、火力猛、持续时间长、点面打击相结合、杀伤破坏力强等特点。这些火力都会给人员、武器、装备、工事带来不同程度的损伤和破坏。尤其是各种新出现的信息化改造升级后的常规火力袭击，通常具有很强的突防能力，造成的杀伤和破坏更大。

第二节　个人防护器材的使用

个人防护器材主要有呼吸道防护器材、皮肤防护器材、防护盒、简易防护器材等。学会正确、灵活地使用上述器材，是在遇到核生化武器袭击时提高战场人员的生存率，保持战斗力的前提。

一、呼吸道防护器材

呼吸道防护器材主要是指防毒面具，是保护人员的呼吸器官、眼睛及面部免受毒剂、细菌及放射性灰尘的直接伤害的个人防护器材。下面主要介绍 FMJ03 型防毒面具和 FMJ05 型防毒面具。

（一）构造和性能
1. FMJ03 型防毒面具的构造和性能
FMJ03 型防毒面具具有重量轻、体积小、使用方便等特点，并具有可靠的防护性能。

FMJ03型防毒面具由面罩、过滤组件、面具袋及附件组成(见图6-1)。这种防毒面具是靠罩体上的过滤组件来过滤毒剂蒸气和气溶胶的。

面罩由罩体、头带、眼窗、通话器等部件组成,约360克。面罩的固定部分采用了六根头带,这样可以使头顶部受力更加均匀。为了使过滤组件在作业过程中不会因为惯性而移动,还增加了一根组件固定带。罩体用橡胶材料制成。

过滤组件由连接管、上护板、上过滤板、滤烟纸、中隔板、下过滤板、下护板等组成。除上、下过滤板和滤烟纸外,其他部件均用铝制材料或塑料制成。

面具袋用军绿色帆布做成。面具袋除背带外,在背面还有两个腰带环,以便套在腰带上携带。

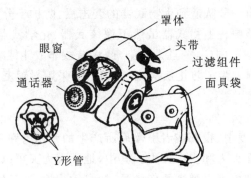

图 6-1　FMJ03 型防毒面具

FMJ03型防毒面具的主要性能如表6-1所示。

表 6-1　FMJ03 型防毒面具的主要性能

项　目	条　件	性　能
总重量		610 克左右
总视野		72%
通话性能		50 米传声清晰度约为 90%
吸气阻力	流量:30升/分	20 毫米水柱
呼气阻力	流量:30升/分	9 毫米水柱
漏气系数		0.0001%
油雾透过系数	流量:30升/分　浓度:250毫克/米^3	0.005%
防氢氰酸能力	流量:30升/分　浓度:1.5毫克/升	50 分钟
防氯化氰能力	流量:30升/分　浓度:1.5毫克/升　增湿	30 分钟
防沙林能力	流量:30升/分　浓度:0.05毫克/升	10 小时
防 VX 雾能力	流量:60升/分　浓度:0.05毫克/升	30 分钟

2. FMJ05型防毒面具的构造和性能

FMJ05型防毒面具由滤毒罐、面罩、面具袋及附件组成(见图6-2)。

FMJ05型防毒面具的滤毒罐直接与面罩相连,位于面罩的下方。滤毒罐的直径为106.2

图 6-2　FMJ05 型防毒面具

毫米,总高度为 68 毫米。外壳用厚度为 0.6 毫米的防锈合金铝板冲压而成,外面喷有黑色半光磁漆。

FMJ05 型防毒面具的面罩为头带式立体结构,罩体用优质天然橡胶膜压成型。面罩上安装有六根用松紧带制成的头带,上、中、下各两根,长短可调。面罩与滤毒罐的界面管内安装有呼气活门,以防含水蒸气的呼出气体进入滤毒罐。

FMJ05 型防毒面具的面具袋采用维纶布制成,有较好的耐洗性和较高的强度。

FMJ05 型防毒面具的主要性能如表 6-2 所示。

表 6-2　FMJ05 型防毒面具的主要性能

项　　目	条　　件	性　　能
防沙林能力	浓度:0.1 毫克/升　流量:30 升/分　湿度:50%	大于 40 小时
防 VX 气溶胶能力	浓度:0.1~0.15 毫克/升　流量:30 升/分	大于 2 小时
防氯化氰能力	浓度:1.5 毫克/升　流量:30 升/分　湿度:80%	大于 60 分钟
油雾透过系数	浓度:250 毫克/米^3　流量:30 升/分	小于 0.0039%
呼气阻力	流量:30 升/分	小于 10 毫米水柱
吸气阻力	流量:30 升/分	15 毫米水柱
总视野		75%~80%
漏气系数		小于 0.00006%
通话性能		与 FMJ03 型防毒面具相当
总重量		650 克

(二)使用方法

1. 准备

选择面具时,应选择大小合适的面具。对于新面具内的滑石粉,应用干净的湿布将其擦拭干净;对于旧面具内的污物,应将其清理干净(严禁用水进行清洗)并灭菌。使用前应检查面具各部件有无损坏、结合是否牢固。

2. 检查气密性

正确佩戴好面具,用手堵住进气口,然后用力吸气,若感到堵塞不透气,则说明气密性良好;若感到漏气,则应首先检查佩戴是否正确,然后检查呼气活门有无异物,面罩有无破损,各连接部位是否连接紧密,根据情况处理好后再重新进行检查。

3. 携带面具

通常是左肩右肋,面具袋上沿与腰带平齐。

4. 戴、脱面具

1)戴面具

听(看)到"化学警报"信号或"戴面具"的口令后,立即闭眼、闭口、停止呼吸,右手握住面具袋底部,迅速将面具袋移至身体右前方。FMJ03 型防毒面具,左手打开面具袋,迅速取出面具,两手分别握住面具两侧的中、下头带,拇指在内撑开面罩,身体稍向前倾,下颌微伸出,将面罩下沿套在下颌处,用手指夹住军帽帽檐,两手稍用力向上向后方拉头带,迅速戴上面具,并对称地调整好头带,然后深呼一口气,睁开眼睛,戴好军帽。FMJ05 型防毒面具,左手打开面具袋握住通话器取出面具,将面罩罩在脸上,左手调整罩体密合框的位置,同时右手抓住头带垫,沿头的上部向头后将头带整体外翻到位,两手抓住两根下头带,并拉紧(用力均匀,不要过猛),同时深呼一口气,睁开眼睛,恢复正常呼吸。

2)脱面具

听(看)到"解除化学警报"信号或"脱面具"的口令后,左手脱下军帽,右手握面具通话器部位,向前向下脱下面具,戴上军帽,将面具装入面具袋内(过滤组件朝外)。

持枪戴、脱面具时,应先成肩枪姿势,然后根据戴、脱面具的要领,戴上(脱下)面具,取枪恢复原来的姿势。给伤员戴面具时,应先检查面具是否损坏,进气孔有无堵塞,然后以仰卧姿势将伤员的上体或头部放在自己的腿上,由下而上戴好面具。如果伤员头部受伤,为了减轻面罩对伤口的压力,可将头带适当放松。

(三)保管注意事项

(1)防毒面具应存放在阴凉、干燥、通风的地方,严防滤毒罐或过滤组件进水、受潮。长期存放时,应在面罩上涂滑石粉,并定期检查。

(2)面具使用完后,应及时擦净、晾干(严禁暴晒、火烤),使用时间较长时,应用酒精棉球或肥皂水擦拭面罩内部,然后将肥皂水擦净、晾干。

(3)不得随便抛摔面具,更不能将面具当坐垫用,以防损坏面具。

(4)不能随便拆卸通话器和呼气活门,不能在面罩上涂油或做记号。

二、皮肤防护器材

皮肤防护器材是指保护人员的皮肤免受毒剂、生物战剂和放射性灰尘的伤害的个人防护器材。

(一)种类

皮肤防护器材主要包括 FDP03 型防毒斗篷、FST04 型防毒手套、FXT02 型防毒靴套、FFF01 型防毒服和 FFF02 型防毒服。

FDP03 型防毒斗篷分为 A 型和 B 型两种,用以防止毒剂液滴、生物战剂、放射性灰尘飞溅或降落到人体和武器装备上。A 型防毒斗篷为无袖式,适合全副武装的士兵用以保护全身和所携带的武器装备;B 型防毒斗篷为带袖披肩式,适合炮兵和其他特种兵用以保护全身。

FST04 型防毒手套的外面浸有丁基胶乳,衬里为棉织物,有大、中、小三个号。在 36 ℃试验条件下,防毒手套各部位对芥子气的防毒能力都超过了 240 分钟。

FXT02 型防毒靴套不分左、右脚,靴底以维纶布为基布,靴帮用丁基胶布制成,有大、小两个号。

FFF01 型防毒服和 FFF02 型防毒服,由带头罩的上衣和裤子组成,具有防毒、透气和散热的功能,用于防止雾滴状和蒸气状的毒剂接触皮肤造成伤害。

(二)使用方法

防毒斗篷、防毒靴套、防毒手套可以与防毒面具一同装在面具袋内,皮肤防护器材在下,防毒面具在上。使用时,通常按防毒面具、防毒斗篷、防毒靴套、防毒手套的顺序穿戴。

三、防护盒

防护盒是战时装备到单兵的卫生防护器材。防护盒内存放有神经性毒剂自动注射急救针1支、神经性毒剂预防片1管、抗氰自动注射急救针1支、抗氰胶囊1瓶和军用毒剂消毒手套1双。

四、简易防护器材

(一)浸碱防毒口罩

将普通毛巾叠成12层,将上端两角折回,按自己的脸形缝成鼻垫,加上带子,制成口罩。也可用纱布叠成30～40层制成。使用前,将口罩浸于碱性溶液中,如20％石灰水、10％苏打水等,使用时要使口罩保持湿润,也可事先配制好碱性溶液,装在小瓶内备用。口罩用完后应洗净、晾干。

(二)装料防毒口罩

用纱布制成口罩,内装3厘米厚的活性炭和黏土(不能用沙土)各半,搅拌均匀,制成大米大小的颗粒,晾干即可。制成的口罩,应放在塑料袋内密封保存。

第三节 对常规火力袭击的防护

由于先进的航空技术、电子技术、隐形技术、精确制导技术、夜视技术等广泛应用于常规武器,常规火力袭击的突然性、杀伤破坏性明显增大。尤其是各种导弹、制导炮弹等精确打击武器的直接命中率越来越高,造成的杀伤和破坏越来越大。因此,士兵必须学会防护常规火力袭击的方法。

一、对炮兵、航空兵火力袭击的防护

(一)在开阔地上的防护

在开阔地上运动时,如果突然遭到敌炮兵和空中火力的袭击,应迅速卧倒,全身伏地,头部要低,胸部不要紧贴地面,双手放在胸部或头部下,防止被炮弹、炸弹的冲击波损伤。

(二)利用地形防护

当发现敌机接近时,可利用附近低于地面的地形(如土坑、弹坑、沟渠等)防护,紧靠遮挡一侧的下方迅速卧倒,重点保护头部。

(三)利用工事防护

1. 利用堑壕防护

当发现敌人袭击时,应迅速在堑壕内卧倒或采取适当的姿势防护。

2. 利用崖孔防护

当发现敌机接近时,应立即进入崖孔,关好防护板或放下防护帘,蹲下或坐下。随身武器如果来得及带入崖孔且体积允许,可将其带入并靠肩或靠壁放置,来不及带入崖孔或体积不允许

时,可将其置于崖孔地面。听到"占领阵地"的口令后,迅速离开崖孔,继续执行战斗任务。

3. 利用掩蔽部、避弹所、地道防护

当收到敌袭击警报信号时,不担任值班任务的人员,应携带随身武器,迅速、有序地进入工事,关好防护门,在指定的位置坐下,随身武器靠肩或视情况放置。警报解除后,根据指挥员的命令,依次迅速离开工事,继续执行战斗任务。

二、对燃烧武器火力袭击的防护

燃烧武器对人员的伤害,主要是燃烧剂对人体的直接或间接烧伤、热辐射引起的,因此,遮蔽是人员防护的主要方法。遭到燃烧武器袭击时,应尽量利用地物的背面、横向的壕沟或进入掩蔽部、建筑物内,防止燃烧剂落在身上。暴露人员可利用大衣、雨衣、防雨布、防毒斗篷等暂时进行防护,重点保护好头部和后背,大衣、雨衣、防雨布、防毒斗篷等燃烧起来后,要迅速丢掉。凝固汽油弹在身旁爆炸时,不要立即奔跑,应用雨衣、大衣保护头部和手等暴露部位,等油滴全部落下后,再丢掉雨衣、大衣,并迅速脱掉燃烧的衣服,离开燃烧区。洞穴、掩蔽部或建筑物内的人员遭到袭击后,可戴供氧防毒面具,或用湿毛巾、湿布等蒙住鼻子和嘴,撤离火源,以防中毒。如果被火焰烧伤,应尽快灭火,并及时采取急救措施。身体某一部位着火时,应将燃烧部位压在地上或其他未燃物表面上,也可将大衣、雨衣、毛毯等盖在着火部位,以隔绝空气,从而使火熄灭。身上数处同时着火时,应迅速脱掉着火的衣服或迅速卧倒缓慢滚动,也可跳入附近的水中灭火。被磷烧伤时,应立即用毛毯、棉被、衣服等浸水后覆盖烧伤创面,或将烧伤的部位浸入水中(无水用尿),使磷与空气隔绝,停止燃烧。灭火时要注意以下几点。

(1) 不要直立奔跑,以免火势更旺。

(2) 不要站立呼喊,以免呼吸道烧伤得更严重。

(3) 不要使用灭火器,以免造成更严重的化学烧伤。

(4) 未戴防护手套时,不要用双手扑打灭火,以免双手烧伤得更严重。

第四节 对核武器、化学武器、生物武器袭击的防护

对核武器、化学武器、生物武器袭击的防护(简称"三防"),是指军队对敌人的核武器、化学武器、生物武器袭击所采取的防护措施。在未来信息化条件下的局部战争中,核武器、化学武器、生物武器的威胁依然存在,并且这种威胁将会出现新的形式和特点,防护难度增大,防护要求更高。

一、对核武器袭击的防护

对核武器袭击的防护主要包括三个方面:①对核爆炸瞬时效应的防护;②对放射性沾染的防护;③消除放射性沾染。

(一)对核爆炸瞬时效应的防护

(1) 在开阔地上的防护。当发现核爆炸闪光时,应立即背向爆心卧倒,同时半张嘴、闭眼、收腹,两手交叉放于胸下,两肘前伸,头自然下压于两臂之间,两腿伸直并拢,暂时憋气。

(2) 利用高于地面的地形防护。当发现核爆炸闪光时,应尽快利用附近高于地面的地形,

如土丘、山坡等,背向爆心紧靠遮挡一侧的下方卧倒。利用地形时,应注意避免间接伤害。

（3）利用土坑、弹坑等地形防护。当发现核爆炸闪光时,应迅速跃入坑内,身体蜷缩,跪于或坐于坑内,两手掩耳,闭眼,半张嘴,暂时憋气。

（4）利用建筑物防护。坚固的建筑物对瞬时杀伤破坏因素具有一定的防护作用。当发现核爆炸闪光时,室外人员应尽量利用墙的拐角或紧靠背向爆心的墙根卧倒,室内人员应尽量利用屋角或在床下卧倒,要注意不要利用不坚固或易倒塌的建筑物,还要避开窗、门等处和易燃物,以免受到间接伤害。

（5）利用掩蔽部、避弹所防护。当收到核武器袭击警报信号或发现核爆炸闪光时,不担任值班任务的人员,应迅速、有序地进入工事,关好防护门。

（6）利用堑壕、交通壕、观察所防护。当发现核爆炸闪光时,迅速进入堑壕、交通壕、观察所,采取相应的措施,可避免或减轻光辐射、冲击波和早期核辐射的伤害。

（7）利用防护头盔、雨衣、防毒斗篷和衣物等防护。利用防护头盔、雨衣、防毒斗篷和衣物等防护,在一定距离上可以避免或减轻光辐射和冲击波的伤害。浅色衣物的防护效果比深色衣物的防护效果更好。

（二）对放射性沾染的防护

1. 对放射性烟云沉降的防护

处于爆心下风向的人员,在放射性烟云到达以前,要做好防护准备。当发现放射性烟云开始沉降时,应迅速穿戴好防护器材。

2. 通过沾染区时的防护

通过沾染区时,应避开辐射水平高的地区（绕道通过）,无法避开时,应尽量推迟进入的时间,并利用防护器材进行全身防护。通过沾染区时,人员之间应保持适当的距离,加快行进速度,尽量缩短停留时间,减少灰尘的扬起。

（三）消除放射性沾染

消除放射性沾染是指利用各种措施,将放射性物质从人员、物体表面除去,以减轻放射性物质对人员的伤害。

1. 对人员放射性沾染的消除

人员通过沾染区后,要尽快进行洗消。在沾染区内,应利用战斗间隙进行局部洗消,情况允许时,可撤出沾染区进行全身洗消。

局部洗消是指擦洗身体的暴露部位,如头、脸、颈、手等,以除去放射性灰尘。用湿毛巾擦拭皮肤,消除率可达90%;用干毛巾擦拭,消除率也在65%以上。

全身洗消,一般在洗消站内进行。夏季也可在未受到沾染的江河、湖泊里进行洗消。

2. 对服装放射性沾染的消除

（1）拍打法。对穿在身上的服装可自行拍打或互相拍打;对脱下的服装可挂起来拍打。拍打时,人员应站在上风向,按照从上至下,先外后里的顺序进行。

（2）抖拂法。人员背风站立,将受到沾染的服装用力甩几次,对衣领部位要进行抖拂。

（3）扫除法。用扫帚、草把等对服装进行扫除。

（4）洗涤法。将受到沾染的服装用洗衣粉搓洗后,再用清水冲洗。洗涤时,应戴橡胶手套、口罩。

3. 对武器装备放射性沾染的消除

对武器装备放射性沾染的消除是为了避免或减轻放射性沾染对人员的伤害。消除时,可以利用擦拭、扫除、水冲等方法进行。

4. 对地面放射性沾染的消除

消除地面放射性沾染时,可以用铲除法将受到沾染的地面铲除3厘米深左右,铲除时从上风向开始,注意不要扬起灰尘,也可以用清扫法清扫地面。铲除和清扫的泥土、尘土,应集中掩埋。

二、对化学武器袭击的防护

(一)及时发现化学武器袭击的征候

及时发现化学武器袭击的征候,是做好防护工作的重要前提。战斗中,通常采取听、看、嗅的方法发现化学武器袭击的征候。

毒剂弹爆炸的声音与一般的杀伤弹爆炸的声音有区别,毒剂弹爆炸的声音通常较低沉。并且,毒剂弹爆炸时,爆震感较弱,爆炸后会出现浓密的烟雾团,持续时间长,没有明显的地面抛起物。烟雾团向下风向飘移较远,弹片较大,并且可能有油状物。弹坑较小,弹坑内及周围有时会有潮湿现象或明显的油状液滴,有时在水面上会出现"油膜"。大多数毒剂都有特殊的气味(见表6-3),在嗅觉可发现的浓度下,闻到其气味后及时进行防护不会引起伤害。此外,还可以通过个别人员、小动物等中毒的症状来进行判断。

表6-3 几种毒剂的气味、允许暴露时间和嗅觉可发现的浓度

毒 剂	气 味	嗅觉可发现的浓度	允许暴露时间
沙林	微弱的苹果香味	5微克/升	10秒
氢氰酸	苦杏仁味	1微克/升	数小时
氯化氰	刺激性气味	2.5微克/升	数小时
光气	烂干草味	4微克/升	30分钟
芥子气	大蒜味	1.3微克/升	1分钟
路易氏气	天竺葵味	14微克/升	1分钟

(二)防护方法

为了避免或减少化学武器对人员的伤害,战斗中应充分做好防护准备,使防护器材处于良好的状态,携带的防护器材要便于使用,不影响战斗行动。

1. 利用防护器材防护

当遭到化学武器袭击时,要迅速戴好防毒面具。当毒剂弹爆炸后有飞溅的液滴或飘移的烟雾时,应迅速对全身进行防护。

2. 利用工事防护

情况允许时,除观察人员和值班人员外,其他人员应立即进入工事,关好防护门。利用有防护设施的工事防护时,应根据指挥员的命令有组织地进行防护,不得随意进出。进入工事时应防止将毒剂带入,进入后要减少各种活动。

3. 直接通过染毒区域时的防护

直接通过染毒区域时,应在指挥员的组织下充分做好防护准备,到达染毒区域前利用地形迅速穿戴好防护器材。通过时,应根据敌情和地形情况,选择坚硬、植物少的道路,尽量避开弹坑和泥泞、松软、有明显液滴的地方。情况允许时,可适当拉开距离,快速通过。通过后,应根据指挥员的指挥或利用战斗间隙检查染毒情况,对人员、服装、武器等进行消毒。

(三)消毒

利用化学方法、物理方法等,使毒剂失去毒性或从人员、物体上除去毒剂的过程,叫消毒。消毒时,按先人员、服装,后武器装备、地面的顺序进行。

1. 对人员的消毒

人员染毒后应尽快进行消毒,尤其是神经性毒剂和糜烂性毒剂,越早消毒越好。

2. 对服装的消毒

服装染毒后,可用消毒液进行消毒。战斗情况紧急,无法消毒时,可将服装上的染毒部位用小刀切除,染毒严重时应脱下服装。

3. 对武器装备的消毒

武器装备材料不同,染毒情况也不同。坚硬的材料,只需要对表面进行消毒,就能有效消毒。松软的材料,则需要对深层进行消毒。在消毒时,应根据不同的材料,确定消毒液的用量和消毒次数。

三、对生物武器袭击的防护

(一)及时发现生物武器袭击的征候

敌机喷洒生物战剂时,常常会在低空慢速盘旋,后尾有烟雾带,或空投容器(无爆炸声)。如果处于该地区的人员或动物在几分钟内没有出现化学战剂中毒症状,就应初步怀疑是生物战剂。

生物武器爆炸时,爆炸声小而低沉,弹坑较小,无闪光或闪光小,烟团小且呈灰白色,在弹坑附近可能会留下粉末、液体或特殊容器等。

投掷带菌的媒介物时,可在地面发现昆虫等小动物,且其出现的季节、场所等可能会比较反常。例如,在冬季出现大量蚊、蝇等,或突然出现当地没有或少有的昆虫。

敌人一般会选择在微风的拂晓、黄昏、夜晚或阴天施放生物战剂。另外,还可根据疫情判断。如果当地突然发生从未出现过的传染病,发病季节异常,大量人畜患同一种病,则可以初步判断敌人施放的是生物战剂。

(二)防护方法

1. 对生物战剂气溶胶的防护

对生物战剂气溶胶的防护,主要是防止生物战剂气溶胶通过呼吸道、皮肤、眼睛侵入人体。

2. 对敌投带菌昆虫的防护

对敌投带菌昆虫的防护,主要是保护暴露皮肤,防止昆虫叮咬。

3. 利用工事、房屋、帐篷防护

在门、窗或出、入口等处,应安装纱门、纱窗,挂上用防虫药物浸泡过的门帘。

4. 利用防护器材防护

面具、手套、防蚊服、防蚊帽等均可用于个人防护。对于蜱的防护，应经常检查，将衣服上的蜱及时除去。

5. 涂驱避剂

为了保护人员不被昆虫叮咬，常用驱避剂，可将避蚊胺、驱蚊灵涂在暴露的皮肤上，也可将其涂在裤脚、袖口和领口等处，防止昆虫爬入衣服内。

（三）消毒、杀虫、灭鼠

消毒是指用物理或化学方法将污染对象表面的生物战剂杀灭或消除。为了防止传染病发生和流行，必须做好战时的消毒工作。人员、服装、武器装备受到生物战剂污染后的消毒方法与受到毒剂污染后的消毒方法基本相同。

杀虫、灭鼠是灭菌的重要工作之一。在自然情况下，许多传染病都是以虫、鼠为媒介传播的。无论是平时还是战时，都应认真地做好杀虫、灭鼠工作。

第七章 卫生与救护

卫生是为了维护人体健康,预防和治疗疾病,改善工作环境和生活环境而进行的社会活动。救护是指对在执勤、处突、训练过程中,以及在生活环境下发生危重急症和意外伤害的官兵实施的救助和保护。做好卫生与救护工作,对提高部队的战斗力具有十分重要的意义。

第一节 个人卫生常识

个人卫生是集体卫生的基础。注意个人卫生可以防止疾病传播,提高士兵的健康水平。为了圆满完成战备训练、施工生产等任务,适应复杂、艰苦的作战环境,军人必须注重健康,养成良好的卫生习惯。

一、个人卫生的要求

军人这一特殊职业要求官兵必须有强健的体魄。因此,《中国人民解放军内务条令》对官兵的个人卫生提出了明确要求。官兵必须做到以下几点:饭前便后洗手,不吃(喝)不洁净的食物(水),不暴饮暴食;勤洗澡、勤理发、勤剪指甲、勤洗晒衣服、被褥;不随地吐痰和便溺,不乱扔果皮、烟头、纸屑等废弃物;保持室内和公共场所的清洁卫生;提倡戒烟。

二、个人卫生的内容

(一)皮肤的卫生

清洁、健康的皮肤对全身各器官都有保护作用。因此,要保持皮肤清洁,经常洗澡,提倡淋浴和用冷水擦澡。

(二)头发的卫生

头发过长,既不卫生,也不利于战场行动,受伤后容易发生感染。因此,要保持头发整洁,定期理发,不蓄胡子。梳子和刮胡刀不要与别人共用。

(三)手和脚的卫生

养成饭前便后洗手的习惯,经常修剪指甲,保持指甲干净。经常保持脚的清洁和干燥,尽可能每天洗脚、换袜子。要穿大小合适的鞋子。

(四)口腔和脸部的卫生

经常刷牙、漱口,保持口腔卫生。要养成经常洗脸的习惯,以保持脸部卫生。洗漱用品不要与他人共用,冬天提倡用冷水洗脸,用干毛巾擦脸,以提高御寒能力。

(五)眼、耳、鼻的卫生

擦眼、鼻时要用干净的手帕,不要用手抠鼻子。擤鼻涕时要左、右鼻孔交替进行,并注意不要用力过猛。清洁外耳道时,不要用树枝、火柴等尖硬物。不要在光线不足的地方或强光下看书。执行任务遇到风沙时,可戴风镜。

（六）饮食的卫生

注意饮食卫生是防止病从口入的关键。不暴饮暴食,实行分餐制,不喝生水,不吃变质的食物,各类瓜果要洗干净后再食用,积极预防各种消化系统疾病和传染病的发生。

（七）衣服和卧具的清洁

衣服和卧具脏了要换洗,若不能换洗,则应定期打开抖一抖,并在阳光下暴晒一会儿,这样可以大大减少衣服和卧具上的细菌,有利于个人身体健康。

三、常见疾病的防治

搞好常见疾病的防治工作,对增强官兵的身体素质,保证部队各项任务的圆满完成有着重要意义。

（一）流行性感冒

流行性感冒（简称流感）,是由流感病毒引起的急性呼吸道传染病。流行性感冒主要通过空气、飞沫传播,也可通过密切接触传播。流行性感冒传染迅速,极易发生大范围流行。

1. 症状表现

流行性感冒的潜伏期一般为数小时至 4 天。一般情况下,症状表现为:体温突然升高,可达 38 ℃以上,畏寒,剧烈头痛,全身酸痛,乏力。少部分病人,除一般症状外,还伴有恶心、呕吐、腹泻等症状。单纯的流行性感冒患者,一般在 3~5 天内会痊愈。如果经过一周,症状仍未消退,应考虑有并发症,如气管炎、肺炎等。

2. 防治措施

（1）注意居室及食堂内的通风换气,保持空气新鲜,勤晒被褥,养成良好的个人卫生习惯。

（2）加强体育锻炼,提高机体的御寒能力。

（3）接种流感疫苗,可提高机体的免疫力。

（4）发现病人后,立即进行隔离治疗。

（二）感染性腹泻

感染性腹泻是指由多种病原体引起的以腹泻为主要临床表现的肠道传染病。感染性腹泻的发病率较高。

1. 症状表现

起病急,多有发热、腹痛、腹泻、恶心、呕吐等症状。体温一般在 39 ℃左右,少数病人不发热,但有头痛、乏力等症状。大便通常为水样便、黏液便、脓血便。通常情况下,还会伴有不同程度的脱水、酸中毒。病程一般为 2~4 天。

2. 防治措施

（1）注意营区的环境卫生,消灭苍蝇;不喝生水;实行餐具消毒制,用流水冲洗碗筷;讲卫生,注意污物的处理。

（2）发现病人后,立即进行隔离治疗,并做好消毒工作。另外,还要调查摸清传染源,有针对性地采取措施。

(3) 暴发流行时,应开展流行病学调查,经个例调查、现场采样、收集资料查明原因后,及时采取措施,控制疫情。

(三) 中暑

中暑是由于长时间在烈日下暴晒或在高温条件下作业,使机体失去适应能力所发生的症候群。根据发病机制,中暑可以分为热衰竭型、热痉挛型、日射病型、热射病型四种类型,它们通常混合出现,也可单独出现。

1. 症状表现

(1) 热衰竭型中暑。热衰竭型中暑常发生在不能适应高温者身上。在高温条件下,身体为了散热会大量出汗,从而使血液浓缩,有效循环血量减少。症状表现为头昏、乏力、恶心、呕吐、面色苍白、脉搏快而弱、脱水显著、血压下降、体温正常或稍低。

(2) 热痉挛型中暑。由于大量出汗,氯化钠丢失,或单纯补充水分,体内氯化钠的浓度迅速下降,四肢肌肉易发生痉挛,以腓肠肌痉挛最为明显。

(3) 日射病型中暑。头部在烈日下暴晒过久,日光中的红外线直接作用于脑膜和脑组织,会使其充血、水肿,出现剧烈头痛、呕吐、眼花、耳鸣等症状,严重者还会昏迷,甚至因循环和呼吸衰竭而死亡。

(4) 热射病型中暑。当外界气温过高,湿度太大而又无风时,身体散热困难,会导致体温逐渐升高(高达 40～42 ℃),出现头痛、头晕、口渴、疲倦、面色潮红、皮肤干燥无汗、意识障碍、精神恍惚、肌肉痉挛,甚至昏迷等症状。

2. 防治措施

(1) 平时要加强耐热锻炼,以提高机体对高温环境的适应能力。

(2) 如果情况允许,应避免在高温环境下作业。在高温环境下作业时,头部可用树枝、草帽等遮盖,避免阳光直接照射。

(3) 劳动或训练时,要注意水、盐的补充,可喝绿豆汤,也可使用人丹、清凉油等防暑。

(4) 发现中暑者,应立即将其抬到阴凉通风处,使其平卧,解开其衣扣,让其喝含盐的凉开水,也可让其服用人丹、十滴水。

(5) 对高热者应迅速进行物理降温,可用冷水、冰水为其擦身,并扇风,也可在其头部、颈部、腋下放冰袋,还可将其身体浸在 4～10 ℃ 的水中,使其体温迅速降至 38 ℃ 以下。

(6) 纠正水电解质紊乱,可静脉滴注 5% 葡萄糖盐水 1500～2500 毫升。

(四) 冻伤

冻伤是由于机体受低温侵袭而引起的全身或局部损伤。在低温环境下停留过久,体内热量不断散失,体温逐渐下降,会造成全身冻伤或冻僵。仅造成身体末梢部位(如手、足、耳、鼻等处)损伤,称为局部冻伤。

防治措施如下。

(1) 平时要加强耐寒锻炼,防止饥饿和过度疲劳,合理使用防寒装备。

(2) 冬季执勤、乘车或露营时,静止时间不宜过长,应经常活动,暴露部位应勤用手揉搓。潮湿的衣服或鞋袜,应及时更换。

(3) 将冻伤的伤员安置在温暖的室内,室温最好能保持在 22～25 ℃ 范围内,严禁用火烤、用冷水浸泡或用雪搓。

（4）对于全身冻伤的伤员,应先将其身体浸入 40～44 ℃的水中,迅速提高其体温,待其神志清醒 10 分钟后,再将其放进温暖的棉被内。

（5）四肢冻伤者,应先将患肢浸在 40～44 ℃的水中,复温后再对冻伤处进行无菌处理。

（6）冻伤者可喝热饮料或少量的酒,增加身体的热量,使毛细血管扩张。

（7）二度以上冻伤者,早期应服用抗生素,以防感染。

（五）沙眼

沙眼是由沙眼衣原体引起的一种慢性传染性结膜炎。沙眼衣原体存在于病眼结膜上皮细胞内及分泌物中,可通过毛巾、脸盆等传播。

防治措施如下。

（1）养成良好的卫生习惯,毛巾、脸盆不共用,毛巾、手帕应经常清洗晾晒,不用手揉眼睛,以切断沙眼的传播途径。

（2）对于急性沙眼,可用氯霉素滴眼液、利福平滴眼液等滴眼,每日数次。

（六）虚脱

虚脱是由某些强烈刺激所引起的周围血管功能突然衰竭的现象,在闷热、寒冷、剧痛、疲劳、脱水、出血、全身虚弱等情况下容易发生。

1. 症状表现

轻者突然头晕,面色苍白,恶心,不能站立,脉搏快而弱,呼吸急促,出冷汗,四肢无力,体温降低,血压下降,重者意识模糊。

2. 急救措施

（1）迅速使病人平卧,保持安静,注意室内空气流通与保暖。

（2）解开病人的衣扣,让其喝热茶、热水、糖水等。

（3）针刺人中、内关、十宣、足三里等穴位。

（七）晕厥

晕厥是由于大脑血液供应不足而突然发生的短暂的意识丧失。常见的原因有惊吓、悲伤、疼痛、劳累、剧烈咳嗽、颈部疾病、重度贫血、心脏病、脑血管疾病及缺氧等。

1. 症状表现

初期会感到乏力、头昏、恶心、耳鸣、心慌、眼前发黑,随即站立不稳而晕倒,伴有面色苍白、脉搏快而弱、血压下降、瞳孔放大等症状。

2. 急救措施

（1）立即使病人平卧,头偏向一侧,若病人发生抽搐,应用开口器。解开病人的衣扣,保持呼吸道通畅。

（2）针刺人中、十宣、内关、足三里等穴位。

（八）细菌性痢疾

细菌性痢疾,是由痢疾杆菌引起的肠道传染病。

1. 症状表现

细菌性痢疾可分为急性细菌性痢疾与慢性细菌性痢疾两种。

急性细菌性痢疾的潜伏期一般为 1～3 天。急性细菌性痢疾按症状的轻重又可分为以下两种。

（1）急性典型细菌性痢疾。起病较急，初期有畏寒、发热等症状，随即有腹痛、腹泻等症状。大便在开始时为水样便（黄色），含有黏液及脓血，然后完全是脓血，呈鲜红色。病人通常会有里急后重感，会感到腹痛，以左下腹部为甚，便前较重，便后缓解。

（2）急性非典型细菌性痢疾。病程短，症状轻，体温正常或低热，大便为稀便，稍带有黏液，有时带有脓血，腹痛轻微，里急后重感不明显。

慢性细菌性痢疾的病程一般超过两个月。主要症状为腹部隐痛，便秘与腹泻交替出现，大便中带有黏液及脓血。

2. 防治措施

（1）发现病人后，立即进行隔离治疗，并对病人的用具、住所进行消毒。

（2）对炊管人员应定期进行粪便检查，若发现病人或病原体携带者，应及时让其更换工作，彻底治疗。

（3）选用有效的药物进行治疗。

（4）针刺天枢、气海、关元、足三里等穴位。

（5）注意休息，饮食应易消化，富有营养。腹痛者可服用阿托品或颠茄合剂等。

第二节　训练伤的预防

训练伤是指军人在训练过程中发生的损伤。掌握训练伤的预防措施及处理方法，不但能防止训练伤的发生，减轻痛苦，还可以保障军人身体健康，增强部队的战斗力。

一、常见训练伤的种类

（一）扭伤

扭伤是由于外力使关节活动超过正常范围，造成关节附近的韧带部分纤维断裂的一种损伤。主要症状为肿胀、功能障碍、压痛。扭伤多发生在踝、腕、腰、膝等部位。损伤早期应冷敷治疗。

（二）肌肉拉伤

肌肉拉伤是由于肌肉过度拉紧导致肌纤维撕裂而引起的一种运动性损伤。主要症状为局部肿胀、疼痛、肌肉痉挛、活动受限。损伤早期，可用冷敷、抬高伤肢等方法进行处置，疼痛较重者，可进行按摩。4天后可进行适当的功能锻炼。

（三）挫伤

挫伤是外力直接作用于身体所导致的一种闭合性损伤。其症状是皮肤无裂口，局部青紫，皮下瘀血，肿胀，压痛。轻度挫伤，一般不用进行特殊处理，早期可进行冷敷，2天后可进行热敷。

（四）骨折和脱位

骨折和脱位通常是由于用力过猛、用力不当或受外力打击造成的。主要症状为肿胀、剧烈疼痛、变形、功能障碍。无论何处骨折、脱位，都应使伤处保持固定，然后到医院进行治疗。

（五）刺伤

刺伤是指长而尖的器物刺入人体后引起的损伤。如果器物较小，没有刺伤主要器官，可拔出器物，用碘酒或酒精消毒后，用纱布包扎伤口。如果不能判断是否刺伤主要器官，或者器物较大，一般不要立即拔出器物，应到医院处理，以免发生危险。如果被生锈的铁钉刺伤，处理好伤口后，应立即注射破伤风抗毒素。

二、预防训练伤的一般措施

（一）遵守操作规范

要严格按照规定的动作要领和操作规范进行训练，既要有勇猛、顽强的精神，又要有扎实、细致的态度，做到动作敏捷而准确。另外，还要注意遵守训练纪律。

（二）遵循训练规律

要按照自身的接受能力参加训练，克服争强好胜、信心不足等不良心理，既不要急于求成，也不要畏首畏尾，按照循序渐进的原则确定训练强度和难度。

（三）做好准备活动

训练前的准备活动要充分并具有针对性，一般不少于 10 分钟，千万不要走过场，否则会因为肌肉僵硬、身体的灵活性和协调性差而造成训练伤。训练结束后应做好整理活动。

（四）掌握保护方法

要掌握自我保护和互相保护的方法，特别是在一些难度高、危险性大、动作复杂、不易掌握的科目训练中，更要注意做好保护工作，防止训练事故的发生。

（五）坚持训练前检查

训练前，要主动、认真地检查器械、器材、设备有无损坏，安装是否稳固。训练场地内如果有石块等容易造成人员损伤的物体，要及时清除。

第三节 救 护

救护包括自救和互救两个方面，是保存战斗力的重要工作。救护前，应注意观察伤员的整体情况，不能只观察受伤的部位，而忽视对其他部位的检查。重点检查以下方面：有无昏迷、休克现象；有无呼吸道阻塞、呼吸困难现象；有无颅脑损伤症状，如耳道出血、眼结膜瘀血等；有无脊神经损伤、肢体瘫痪现象；有无肢体畸形、肿胀、疼痛及功能丧失现象。

一、通气

（一）口对口人工呼吸

抢救伤员时应首先检查其是否有呼吸。具体方法有两种：一是观察胸部是否有起伏；二是将棉絮放在其鼻孔处，看棉絮是否摆动。如果呼吸已停止，必须迅速采取口对口的方式进行人工呼吸。

口对口人工呼吸的具体方法是：先使伤员仰卧，清理其口中的堵塞物，托起其下颌，使其头部后仰，将其口腔打开，用一只手捏住伤员的鼻孔，另一只手放在颈下并上托，深吸一口气，对准伤员的口用力吹入，然后迅速抬头，同时松开双手听一下伤员有无气流呼出，如果有，则表示呼吸道通畅（见图7-1）。如此反复进行，每分钟16～20次。如果心跳停止，口对口人工呼吸应与胸外心脏按压同时进行。

图7-1 口对口人工呼吸

（二）胸外心脏按压

如果发现伤员失去知觉，应立即检查其心脏是否停止跳动，可用手指在伤员的喉结两侧接触颈动脉，看有无搏动，如果无搏动，应立即采取胸外心脏按压的方法进行抢救。具体方法是：先使伤员仰卧在地上或硬板床上，找准按压部位（见图7-2），然后将右手掌根部放在伤员胸骨下1/3处，左手放在右手上，用力向下按压，将胸骨压下3～4厘米后松开。如此反复进行，每分钟60～80次。进行胸外心脏按压的同时，必须进行口对口人工呼吸（见图7-3）。

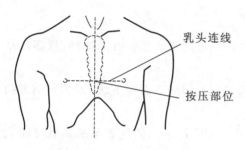

图7-2 胸外心脏按压的部位

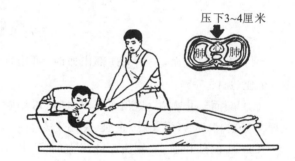

图7-3 胸外心脏按压和口对口人工呼吸

二、止血

（一）出血的种类

判断出血的种类是正确实施止血的首要工作，方法是根据出血的特征进行判断。如果是动脉出血，则颜色鲜红，呈喷射状，出血速度快，出血量多；如果是静脉出血，则颜色暗红，呈涌出状或慢慢向外流，出血量较多，出血速度不如动脉出血快；如果是毛细血管出血，则颜色鲜红，从伤口向外渗出，不容易明确判断出血点。处理原则是：有效止血，保护创面，防止感染。

（二）止血的方法

止血是一种医疗技术，可以采用的方法有很多种。

1. 加压包扎止血法

加压包扎止血法是减少组织出血的有效方法。静脉、毛细血管或小动脉出血时，可以先将敷料盖在伤口上，然后用三角巾、绷带进行包扎。

2. 指压止血法

较大的动脉出血时，用手指或手掌压迫伤口近心端的动脉，可以阻止血液流通，从而达到临时止血的目的。止血压迫点如图7-4所示。

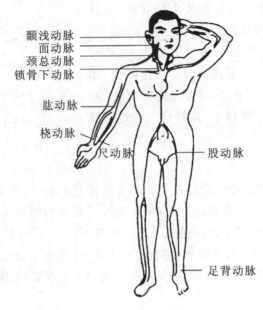

图7-4 止血压迫点

(1) 头顶部止血：一侧头顶部出血时，可用食指或拇指压迫同侧耳朵前方的搏动点(颞浅动脉)止血(见图7-5)。

(2) 颜面部止血：一侧颜面部出血时，可用食指或拇指压迫同侧下颌骨下缘、下颌角前方约3厘米处的搏动点(面动脉)止血(见图7-6)。

(3) 头面部止血：一侧头面部出血时，可用拇指或其余四指压迫同侧气管与胸锁乳突肌之间的搏动点(颈总动脉)止血(见图7-7)。

(4) 肩腋部止血：肩腋部出血时，可用拇指压迫同侧锁骨上窝中部的搏动点(锁骨下动脉)止血(见图7-8)。

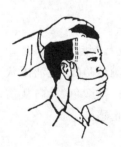 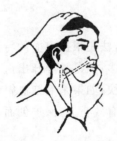 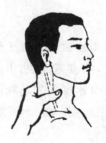 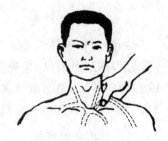

图7-5 头顶部止血　　图7-6 颜面部止血　　图7-7 头面部止血　　图7-8 肩腋部止血

(5) 前臂止血：前臂出血时，可用拇指或其余四指压迫上臂内侧肱二头肌与肱骨之间的搏动点(肱动脉)止血(见图7-9)。

(6) 手部止血：互救时，可以用两手的拇指分别压迫手腕横纹稍上处内、外侧的搏动点(尺动脉、桡动脉)止血(见图7-10)；自救时，可以用拇指、食指分别压迫上述两点。

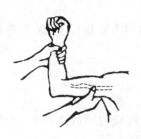

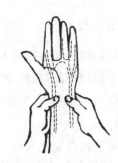

图 7-9　前臂止血　　　　　　　　　图 7-10　手部止血（互救）

（7）腿部止血：自救时，可用两手的拇指压迫大腿上端腹股沟中点稍下方的搏动点（股动脉）止血；互救时，可用手掌（双掌重叠）压迫股动脉止血（见图 7-11）。

（8）足部止血：足部出血时，可用两根手指分别压迫足背中部近踝关节处的足背动脉和足跟内侧与内踝之间的胫后动脉止血（见图 7-12）。

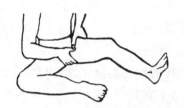

图 7-11　腿部止血　　　　　　　　　图 7-12　足部止血

3. 止血带止血法

止血带是一种制止肢体出血的急救用品。常用的止血带是约 1 米长的橡皮管。当出血严重，指压止血法效果不佳时，可采用止血带止血法。方法要诀是：橡皮管左手拿，后头五寸要留下，右手拉紧环体扎，前头交左手，中食二指夹，顺着肢体向下拉，前头环中插，保证不松垮（见图 7-13）。

使用止血带时要注意，止血带与皮肤之间要加敷料、衣服等，不能直接扎在皮肤上，结扎的松紧度以刚好制止动脉出血为宜。用这种方法止血时，一般上肢每 20～30 分钟必须解除止血带一次约 5 分钟，下肢每 45～60 分钟必须解除止血带一次约 5 分钟，使伤肢间断地恢复血液循环，并随时观察远端肢体的状况，防止因结扎过紧或止血时间过长，引发神经损伤或远端肢体缺血性坏死。当伤口不再继续出血，创面（口）血液已凝固时，可缓慢解除止血带，密切观察有无继续出血现象。如果不再出血，可改用三角巾包扎伤口。

图 7-13　止血带止血法

三、包扎

包扎时通常使用配发的急救包,将急救包沿箭头方向撕开,将敷料盖在伤口上,然后进行包扎。不同的部位,包扎方法也不同。

(一) 头面部的包扎

1. 风帽式包扎法

在三角巾顶角和底边中部各打一结,形成风帽,顶角结放在额前,底边结放于脑后,包住全头,向下拉紧两底角,底边向外反折成带状包绕下颌,拉到脑后打结固定(见图7-14)。

  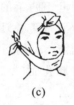 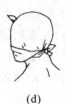

(a) (b) (c) (d)

图7-14 风帽式包扎法

2. 下颌包扎法

将三角巾由顶角折至底边,取三分之一处放在下颌处,长端经耳前拉到头顶部,绕到对侧耳前与另一端交叉,两端分别经额前与脑后,在另一侧打结固定(见图7-15)。

3. 面部包扎法

将三角巾顶角打结,兜住下颌,盖住面部,然后拉紧两底角,在脑后交叉,绕至额前打结。包好后,在眼、口、鼻处剪洞,露出眼、口、鼻(见图7-16)。

图7-15 下颌包扎法 　　　　图7-16 面部包扎法

(二) 四肢的包扎

1. 环形包扎法

环形包扎法适用于包扎手腕和小腿下部等粗细均匀的部位[见图7-17(a)]。

2. 螺旋形包扎法

螺旋形包扎法适用于包扎肢体粗细差不多的部位[见图7-17(b)]。

3. 转折形包扎法

转折形包扎法适用于包扎大腿和小腿等粗细相差较大的部位[见图7-17(c)]。

4. "8"字形包扎法

"8"字形包扎法适用于包扎关节部位(见图7-18)。

(a) 环形包扎法　　(b) 螺旋形包扎法　　(c) 转折形包扎法

图 7-17　环形、螺旋形、转折形包扎法　　　　图 7-18　"8"字形包扎法

5．三角巾包扎法

1) 三角巾包扎上肢

将三角巾的一个底角打结后套在手上，另一个底角沿手臂后侧拉至对侧肩上，用顶角包裹伤肢，前臂屈至胸前，拉紧两底角打结（见图 7-19）。

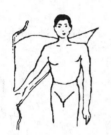 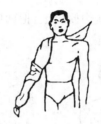

图 7-19　三角巾包扎上肢

2) 三角巾包扎手（脚）

将手放在三角巾中央，手指指向顶角，拉顶角盖住手背，两底角左右交叉压住顶角绕手腕打结（见图 7-20）。包扎脚部时采用相同的方法。

3) 三角巾包扎小腿和脚

脚趾朝向三角巾底边，把脚放在近一底角底边的一侧，提起顶角与较长一侧的底角交叉包裹小腿打结，再将另一个底角折到脚背上，绕脚腕与底边打结（见图 7-21）。

 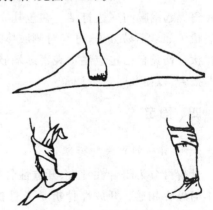

图 7-20　三角巾包扎手　　　　图 7-21　三角巾包扎小腿和脚

4）三角巾包扎肘、膝

将三角巾折成带状，将带的中段斜放在伤口处，取带的两端分别压住上、下两边，包绕肢体一周后打结（见图7-22）。

图7-22 三角巾包扎肘、膝

（三）胸（背）部的包扎

将三角巾的顶角放在伤侧肩上，把两底角拉到背后打结，然后和顶角打结（见图7-23）。本方法也适用于背部的包扎。

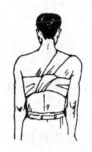

图7-23 胸部的包扎

（四）腹部的包扎

将三角巾的顶角朝下，放在一侧大腿根部稍下方，用一个底角包绕大腿与顶角打结，将另一个底角提起围腰与底边打结。在包扎完5分钟后，必须检查受伤部位远端肢体有无发麻、发胀的症状。如果不易分辨，可与对侧肢体进行比较，以便确认是否有包扎过紧导致的远端肢体缺血症状。伤员自己也应注意观察远端肢体。如果出现皮肤发紫、肢体麻木、疼痛加剧等症状，应立即报告，以便及时进行调整。

四、固定

（一）骨折的种类和征象

骨折可分为闭合性骨折、开放性骨折、复杂性骨折。闭合性骨折是指骨折处皮肤完整，骨折端不与外界相通。开放性骨折是指骨折端穿过皮肤，直接与外界相通。复杂性骨折是指骨折后，骨的折断端刺伤了重要的组织、器官，有可能会发生严重的并发症。发生骨折后，除了有疼痛、压痛、肿胀、皮下瘀血等症状外，还有其特有的症状，如骨擦音、畸形、假关节活动、功能丧失，还可能会发生休克。

（二）骨折的急救处理原则

对有出血现象者,应先止血,保护伤口,防止感染;对伴有休克现象者,应先进行抗休克治疗,再进行固定。固定前不得随意移动伤肢,为了暴露伤口,可剪开衣服、鞋袜,不能脱。如果是大腿、小腿和脊柱骨折,应就地固定。露出伤口的骨片,不能放回伤口,也不能任意去除。

临时固定时,应采用有一定牢固性的夹板,夹板的长度必须超过骨折处的上、下两个关节。夹板与肢体不能直接接触,可填塞棉花、软布等,以免产生压迫性损伤。固定时用绷带或布条包缠,松紧度应合适,过紧会压迫神经、血管,使肢体血液循环不畅。固定后,伤肢要注意保暖。

（三）骨折的临时固定方法

1. 锁骨骨折的固定

先在两腋下各放置一块棉垫,然后将三条三角巾分别折成宽带,将其中两条做成环套于双肩,另一条在背部将两环拉紧打结（见图 7-24）。

2. 肱骨骨折的固定

先取一块合适的夹板,放于伤肢外侧,再用两条绷带固定伤肢的上、下两端,然后用小悬臂带将前臂吊起,最后用三角巾把伤肢绑在躯干上加以固定（见图 7-25）。

3. 前臂骨折的固定

在伤员前臂的掌、背侧各放一块夹板,用三角巾宽带包缠固定后用大悬臂带悬挂于胸前（见图 7-26）。

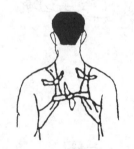
图 7-24 锁骨骨折的固定

图 7-25 肱骨骨折的固定

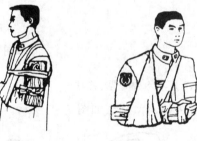
图 7-26 前臂骨折的固定

4. 小腿骨折的固定

取两块夹板,一块放在腿外侧（自大腿中部到脚跟）,另一块放在腿内侧（自腹股沟到脚跟）,用布带分段固定（见图 7-27）。

5. 股骨骨折的固定

取两块夹板,一块放在伤肢外侧（自腋下到脚跟）,另一块放在伤肢内侧（自腹股沟到脚跟）,用 5~8 条三角巾分段固定（见图 7-28）。

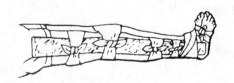
图 7-27 小腿骨折的固定

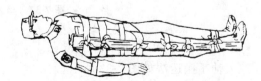
图 7-28 股骨骨折的固定

6. 髌骨骨折的固定

伤员半卧位,一人用双手托住伤员的大腿,另一人缓缓地将伤员的小腿伸直,在腿下放一块夹板,夹板的长度自大腿到脚跟,用3条三角巾分别固定膝上、膝下和踝部(见图7-29)。

7. 足骨骨折的固定

脱去鞋,在腿下放一块直角形夹板,然后用三角巾固定膝下、踝上和足部(见图7-30)。

图7-29　髌骨骨折的固定

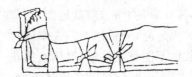
图7-30　足骨骨折的固定

五、搬运

(一)侧身匍匐搬运法

搬运者侧身紧靠伤员,将伤员的腰部放到自己的大腿上,注意使受伤部位朝上,伤员的头部和上肢不能着地(见图7-31)。

图7-31　侧身匍匐搬运法

(二)单人掮、背、抱法

单人掮、背、抱法如图7-32所示。

图7-32　单人掮、背、抱法

(三)双人徒手搬运法

双人徒手搬运法如图7-33所示。

(四)脊柱和骨盆骨折的搬运方法

脊柱、骨盆骨折临时固定后,必须用木板等硬板搬运,以防因搬运不当,造成第二次损伤。搬运时,需3～4人同时用手将伤员平直地抬起并放到硬板上(1人抬颈背部,1人抬臀部,1人

图 7-33 双人徒手搬运法

抬下肢),对于疑似颈椎损伤的伤员,要有专人扶头部。严禁用 1 人抬头,1 人抬足的方法搬运伤员。将伤员放到硬板上后,要将沙袋或折好的衣物放在其颈部两侧,以防头部左右摇动,躯干用宽布带固定。

第八章 心理行为

心理行为,是指人或动物对刺激所做的一切反应。军人心理行为训练是运用心理学的基本原理,按照一定的方法和步骤,有目的、有计划地对军人的心理施加影响,培养军人良好心理素质的活动。其目的是使军人的心理更好地适应执勤、处突、反恐怖、防卫作战和抢险救灾等多样化任务的需要,增强集体的凝聚力,提高部队的战斗力。

第一节 军人心理素质的基本要素

军人的心理素质是军人在长期的军事活动中各种心理因素积淀的结果,是军人的个性品质、心理能力、心理动力、心理健康水平,以及军事活动水平与质量的综合体现,是构成部队战斗力的重要因素。

军人的心理素质可分为个性、能力和动力三个维度。

一、个性心理品质

军人的个性心理品质主要是指军人在日常生活和军事活动中所展现出来的经常的、稳定的心理特征,反映个体之间不同心理行为特征的差异性。所包含的要素主要是敏捷、自信、勇敢、信任等。

(一)敏捷

敏捷主要反映的是军人在战场环境下,面对复杂情况的快速认知、快速反应。

(二)自信

自信是军人对自身力量的一种确信,反映的是个体在自我体验的过程中对自身优、缺点的客观评价。

(三)勇敢

勇敢是指军人不怕危险与困难,敢于冒险,勇于挑战的心理品质。勇敢是构成军人性格的第一要素,是一种震慑敌人的强大精神力量。

(四)信任

信任是指军人以过去的经验为依据,对他人的行为做出肯定预测的心理品质。信任是团队沟通与协作的前提和基础。

二、基本心理能力

军人的基本心理能力是指决定军人是否能顺利完成任务的个性特征,包括感知能力、思维能力、压力管理能力、团队合作能力。

（一）感知能力

感知能力是指军人对作用于感觉器官的客观事物进行及时反应的能力。感知能力在军人的心理能力中处于基础的地位，主要包括观察力、注意力、反应力、记忆力。

（二）思维能力

思维能力是指军人对相关情况进行分析、概括和判断的能力。思维能力主要包括分析力、判断力、决策力、创造力。

（三）压力管理能力

压力管理能力是指军人对环境、任务以及内心冲突等造成的心理压力进行合理的调节和控制的能力，主要包括适应力、承受力、调控力。

（四）团队合作能力

团队合作能力是指军人对个体与个体之间、个体与集体之间的协调控制能力。团队合作能力对于维护团结、和谐的内部关系，增强集体的凝聚力具有重要作用。团队合作能力主要包括沟通力、协作力。

三、心理发展动力

军人的心理发展动力是指军人个体以促进心理发生积极的变化为目标，激发和维持个体积极向上的行为活动的内在心理过程。心理发展动力主要由需要和动机决定。

（一）需要

需要是由生理上或心理上的缺失或不足引起的一种内部的紧张状态，是个体活动积极性的源泉。需要是人对客观事物的需求在头脑中的反映，是个体对自身与环境的依存关系的反映。军人的需要主要包括归属、尊重、责任、价值。

（二）动机

动机是引起人们从事某项活动，以达到一定目标的内部动力，是直接推动个体活动的动力。军人的动机主要包括荣誉、信念、忠诚、奉献。

第二节　心理行为个体训练

一、心理放松

紧张、严格、高强度的军事训练和相对封闭的军营生活，容易使一些军人出现紧张、烦闷、焦虑、恐惧等情绪以及头痛、失眠等生理状态。心理放松一般分为身体放松和精神放松。简便、易行的心理放松方法主要有以下几种。

（一）深呼吸放松法

找一个舒服的地方坐好，身体后靠并伸直，解开皮带，将右掌轻轻地置于肚脐处，掌心向下，五指并拢，开始慢慢吸气，到达极限后保持2秒再慢慢呼气。多练习几遍，直到呼与吸都到位之后,开始计时,练习慢呼吸。

（二）张弛肌肉放松法

肌肉放松是一种深度放松。张弛肌肉放松法是指使肌肉先紧张后放松,在感受紧张之后再充分地体验放松的感觉,从上到下,依次进行。

（三）想象放松法

想象放松法是指运用身体各种感官对一些安宁、愉悦的情境的想象,达到身心放松的效果。

二、心理暗示

心理暗示,是指用含蓄、间接的方式,对人的心理和行为产生影响。自我暗示是依靠思想、语言向自己发出某种指令,以影响自己的情绪和意志的行为。目的是通过语言或想象使自己的心理发生变化。一般方法是在心里默念提示语,也可以通过在无人处大声地对自己呼喊来加强效果,还可以将提示语写在日记本上或贴在墙上,以便经常鞭策自己,获得良好的自我暗示效果。自我暗示时应注意以下几点。

（1）选择合适的暗示时间。自我暗示在大脑皮层兴奋性降低的状态下（如早晨刚醒、晚上入睡前）进行效果较好。

（2）暗示的过程中要尽量运用想象。

（3）选择积极的能促使人身心健康的暗示内容。

（4）努力达到松弛状态。

（5）要相信自我暗示的奇妙作用。

三、心理应激

心理应激是指出乎意料的紧张与危急情况所引起的高度紧张的情绪状态,是人对意外的环境刺激所做出的适应性反应。它具有偶发性和紧张性。

军人在应激状态下通常有两种表现：一种是活动受到抑制或完全紊乱,甚至会发生感知和记忆障碍,这种情况下,军人可能会做出不适当的反应,如惊恐发呆、突然晕倒、嚎叫、手足无措等；另一种是多数军人在一般的应激状态下所表现出来的情绪状态,即调动各种潜力,应付紧急情况,这时,思维特别清晰,且行动有力。在这一方面,应注意以下几点。

（1）避免、减少或调整压力源,比如少接触刺激信息。

（2）降低紧张度,可以和让人觉得有安全感的战友谈话,也可以向心理辅导人员寻求帮助。

（3）太过焦虑或失眠时,可在医生的指导下服用抗焦虑药物或助眠药。

（4）若感到焦虑,可以少为自己安排一些事情,不要同时处理很多事情。

（5）不要孤立自己,要多和战友或心理辅导团体的成员保持联系。

（6）规律运动,规律饮食（多吃青菜、水果）,规律作息。

（7）通过听音乐、静坐、肌肉放松等方法使自己的身心得到放松。

第三节　心理行为团体训练

一、组建团队

组建团队是指将相互熟悉或不熟悉的人集合在一起,通过沟通、交流,建立信任和默契,共同完成任务。目的是了解团队的作用,增强凝聚力。

（一）分组

以班为单位(或者临时组合)进行训练,可3～5个班同时开展。

（二）器材准备

每个班准备2张白纸和1盒水彩笔。

（三）布置任务

(1) 选队长。选1名队长,如果人数在15人左右,可再选1名副队长,队长人选不一定是现实中的领导者。

(2) 取队名。为自己的团队起名字,不要带有政治色彩,不要带有攻击性,要符合团队的特质。

(3) 设计队徽。队徽是队名的形象化展示。

(4) 选择队歌。选择大家都熟悉的歌曲(也可自编),3～4句即可,要有激励作用。

(5) 确定队训。为本队确定具有激励作用的队训,1～2句即可。

（四）操作方法

(1) 各队围成一圈,席地而坐,在进行自我介绍以后,按照布置的任务选队长、取队名、设计队徽、选择队歌、确定队训。

(2) 将各队集合起来,由队长指挥,依次展示队名、队徽。

(3) 展示完毕后,全体队员手拉手一起唱一遍队歌,喊一遍队训。(见图8-1)

（五）基本要求

(1) 充分调动每一个人的积极性,鼓励大家主动参与。

(2) 引导每一个人认识个人成为团队成员的原因。

(3) 活动应有竞赛性和趣味性。

（六）点评要点

(1) 适应与人格结构的关系。一个人的适应过程与他的人格结构有很大关系。例如:性格外向、热情的人更容易主动地接触他人,比内向、沉默的人更容易适应环境;成熟、稳重的人比情绪易激动的人更容易适应环境。

图 8-1　组建团队

（2）个人成为团队成员的原因。个人通过参与团队可以增加力量感和安全感,可以获得归属感,满足自尊与成就的需要,增强自信。团队也要求每一个团队成员同心协力,步调一致,这样才能群策群力,克服困难,最终获得成功。

（3）人际距离。通过训练,拉近团队成员的心理距离。

二、激励他人

激励他人就是以诚恳的态度,用语言表达的方式鼓励他人。目的是学会发现他人的优点,学会赞美,学会真诚待人。

（一）分组

以班为单位进行训练。

（二）布置任务

以诚恳的态度说出战友的优点。

（三）操作方法

（1）全班围成半圆弧坐下,可由组织者或班长指定,也可采用自愿的方式确定一名队员坐在半圆弧的中央面对大家,其他人轮流说出他的优点。

（2）所有队员说完激励的话以后,被激励的队员要谈谈自己的感受。

（3）每名队员轮流做一次。（见图 8-2）

（四）基本要求

（1）态度要诚恳,不能毫无根据地吹捧。

（2）要努力发现他人的长处。

（3）每名队员受到全班队友的称赞后,要感谢全班队友对自己的鼓励,并说出哪些优点是自己知道的,哪些优点是自己不知道的。

（4）活动过程中要严肃、认真,不能开玩笑。

（五）点评要点

（1）激励他人有助于建立和谐的人际关系,提升自信心。

（2）激励他人、接纳自我实际上是一个人际沟通的过程,是建立良好、健康的自我形象的过程。

（3）了解他人的优点,发现自己的长处。

图 8-2　激励他人

三、信任背摔

信任背摔是利用背摔台,采取背摔的方式使受训者充分信任战友,融入团队,体验安全感和归属感的一种训练活动。目的是通过训练使受训者明白只有充分信任战友,融入团队,才能提高集体的战斗力。

(一)分组

以班为单位进行训练。

(二)场地(器材)准备

高1.6米,长1米,宽1米的背摔台1个;软绳1根。

(三)情境设置

在一次实战演习中,一名士兵双臂受伤,返回营地的途中需从一个又高又险的陡坡上跳下,为了使这名士兵手臂的伤势不再加重,全体官兵经过商量决定让他采取背对大家倒下的方式从陡坡上下来。此训练要求每个受训者模拟当时的情境,依次站在背摔台上背对大家倒下,其他队员合力用双臂接住受训者。

(四)操作方法

(1)训练前,班长向大家介绍情境,并说明训练要求和注意事项。

(2)训练开始,班长和受训者登上背摔台面对面站立,受训者背对保护人员,两臂前举,掌心相对,十指交叉握紧,然后将双手向内翻转,抱于胸前,班长用软绳将其双手系上,防止在背摔过程中双手打开伤到队友。受训者在向后倒的过程中要始终保持双脚并拢、膝盖伸直、腰挺直、微微勾头的姿势。

(3)保护人员按身高情况两两一组,两两相对,组与组之间肩膀相靠。双脚呈弓箭步状,左脚在前。手臂向前平举,始终保证对方的一只手臂在自己的双臂之间,掌心向上,手臂伸直,肩膀挤紧,靠近背摔台的第一组向远离背摔台的方向挤。

(4)当受训者准备好以后,班长要大声问保护人员:"大家准备好了吗?"全体保护人员集中注意力,大声回答:"准备好了!"受训者再大声告诉保护人员"我要倒了",待保护人员回答"我们支持你"之后,尽可能笔直向后倒下。全体保护人员稳稳地接住受训者并保持3秒,同时大声赞扬受训者,然后将其放下使其安全站立。(见图8-3)

(五)基本要求

(1)保护人员在任何情况下都不可以松手。

(2)整个过程中要时刻提醒保护人员集中注意力,并纠正保护动作,一旦发现安全隐患,应立即中止训练。

(3)要注意保护受训者的头部和脚部。

(六)点评要点

(1)个人融入团队的必备条件:①要有良好的协作关系;②要对团队充满信任;③要积极参与团队活动;④要勇于承担责任。

(2)信任对团队合作的重要性。合作是团队最重要的特征,而信任是团队合作的前提和基础。

（3）安全感与信任的关系。安全感是心理健康的基础，有了安全感，才能有自信心，才能与他人建立相互信任的人际关系。

图 8-3　信任背摔

四、众志成城

众志成城是一种通过摆造型让受训者体验团结协作的力量的训练活动。目的是提高受训者的抗挫折能力，培养受训者在挫折面前永不放弃的信念和精神，增强团队创造性地解决问题的能力。

（一）分组

以班为单位进行训练。

（二）操作方法

(1) 所有队员手牵手围成一个大圆圈。

(2) 所有队员两手撑地。

(3) 依次将一只脚搭在后一名队员的背上，逐渐减少支撑脚直至地面上没有支撑脚，已经离开地面的脚不能再用于支撑身体。

(4) 不管怎么摆造型，最终所有队员的身体必须连成一体，除了手之外，身体的任何部位都不能用于支撑身体。（见图 8-4）

图 8-4　众志成城

（三）基本要求

（1）使整个团队参与到一个互助的活动中来。

（2）整个团队摆完造型后，保持该造型移动3米。

（四）点评要点

（1）突破脚是我们习惯的支撑点的思维定式。

（2）团队合作和相互依赖。

（3）面对挫折的心理反应。

（4）面对挫折的心理调适。

五、构建方阵

构建方阵是指根据作业条件快速构建不同的阵形。这种训练活动可以考验一个团队在面临复杂的任务时，能否很好地发挥每个队员的作用，快速、有效地解决问题。目的是提高指挥员的领导能力，增强队员的沟通能力。

（一）分组

以班为单位进行训练。

（二）器材准备

12米和6米长的绳子各1根；眼罩（每人1个）。

（三）布置任务

在规定的时间内，用所提供的绳子摆成一个标准的、尽可能大的正方形，并且全体队员要尽可能均匀地分布在正方形的四边。

（四）操作方法

（1）所有队员手拉手围成一个圆圈，然后将手放下。

（2）组织者将眼罩发给队员，队员戴好眼罩后手拉手按顺时针、逆时针方向各转3圈，放手后每名队员再在原地转3圈。

（3）组织者将2根绳子分别给2名队员，但不要说出给了谁。

（4）全体队员利用自己的智慧完成任务。

（5）摘下眼罩。（见图8-5）

图8-5 构建方阵

（五）基本要求

(1) 如果在活动过程中出现意外，比如绳子掉了，长时间没有人发现，组织者可以提醒。

(2) 移动的时候要注意安全，速度不要太快。

(3) 活动结束后摘眼罩时要先闭眼，再摘眼罩，以免刺眼。

（六）点评要点

(1) 目标对于集体的作用。目标是集体形成团队精神的核心动力。

(2) 确立目标的意义。目标要明确，要代表共同的利益和意志。

(3) 语言沟通与非语言沟通。

六、人体战车

人体战车是一种以人为模拟部件组合成武器装备的训练活动。目的是增强团队意识，培养快速思考、协同行动的能力。

（一）分组

以班为单位进行训练。

（二）布置任务

所有队员共同组成一件武器装备（如大炮、坦克、舰艇等），每个人都应成为武器装备的一个部件，并且相互关联完成一些动作。

（三）操作方法

(1) 在规定的时间内，各班分头研究并摆好某一种武器装备的造型。

(2) 武器装备构建完成后，要能完成一些动作，要求全体人员协调动作，其中一个部件运动，要能引起相关部件运动，并能够整体连续运动 3 米，同时发出声音。

(3) 构建武器装备和完成动作时，只能有一名指挥员指挥，其他队员不允许讲话。（见图 8-6）

图 8-6　人体战车

（四）基本要求

(1) 所有队员都要参与到活动中，成为武器装备的一个部件。

(2) 观察哪些因素有助于成功地完成任务。

（五）点评要点

(1) 快速思考的能力。

(2) 协同行动的能力。

七、生死关卡

生死关卡是一种模拟设置一道十分危险的障碍，并快速通过的训练活动。目的是培养受训者紧急情况下的思维能力，提高指挥员在紧急情况下的组织协调能力。

（一）分组

以班为单位进行训练。

（二）器材准备

用普通细绳或橡皮筋做成模拟电网，其中包括大小不一的通道，通道的个数要比实际参加活动的人数多2~5个。

（三）情境设置

在一次抓捕行动中，犯罪分子占据了一个四周有电网保护的宅院。小分队需要在规定的时间内秘密潜入宅院，实施进攻计划。为了避免打草惊蛇，根据侦察结果，小分队只有从某一段电网穿过，才可顺利实施进攻计划。

（四）操作方法

受训者在电网一侧站立，根据任务和规则，利用集体的智慧完成任务。规则如下。

(1) 每个通道只能使用一次，已经用过的通道不可重复使用。

(2) 任何人身体的任何部位都不得接触电网，一旦接触电网，此通道将会封闭，所有人员需要退回重新开始。

(3) 不得借助于任何工具。（见图8-7）

图8-7　生死关卡

（五）基本要求

(1) 时刻注意是否有导致事故的隐患,一旦发现,立即纠正。

(2) 注意观察受训者的表现,避免违反规则的现象发生。

（六）点评要点

(1) 个人与团队的关系。密切协作、目标一致、认真计划和思考是团队成功完成任务的法宝。

(2) 团队精神与成功。在团队作战中,生存的首要条件就是合作。

(3) 高绩效团队的四个要素：团队核心、团队计划、个体潜能、大局意识。

八、紧急行军

紧急行军是一种模拟在时间紧迫的情况下快速移动的训练活动。目的是让受训者意识到步调一致对于集体的重要性,培养默契配合、团结协作的精神。

（一）分组

以班为单位进行训练。

（二）器材准备

背包绳若干。

（三）操作方法

(1) 全体队员站成一列,用背包绳将一人的左(右)腿与相邻队员的右(左)腿绑在一起,迅速调整人员之间的距离至最佳。

(2) 队员之间可以采取手挽手或者相互搭肩的方式,使全体队员成为一个整体。

(3) 在行进过程中,可以全体队员一起喊口令"一二,一二",也可以由一名指挥员喊口令,全体队员根据口令的节奏以最快的速度前进30米。（见图8-8）

图8-8 紧急行军

（四）基本要求

(1) 背包绳的捆绑位置在脚踝上方约10厘米处。

(2) 在行动中,有人摔倒即为失败,所有人员需要退回重新开始。

（五）点评要点

一个团队要想取得成功,除了决策正确、领导得力外,还需要全体队员的默契配合。

九、战壕换防

战壕换防是一种在模拟战壕中要求受训者在有限的条件下快速完成换防任务的训练活动。目的是使受训者在训练的过程中不断增强沟通能力和团队合作能力,体会竞争与合作的重要性,培养双赢的思维方式。

(一)分组

以班为单位分成两组进行训练。

(二)场地准备

在平整的地面上画格子。

(三)布置任务

两组队员(人数相同)成纵队面对面站立,两组中间留1个格子,要求在规定的时间内,两组队员顺利完成换防任务。

(四)操作方法

(1)两组队员成纵队面对面站立,每格只能站一个人,两组中间留1个格子。
(2)所有队员只能前进不能后退,只要有人后退,就要重新开始。
(3)前进时只能前进一格或跳过一格。
(4)如果发现不能前进,所有人都要退回原来的位置重新开始。
(5)各组的指挥员只能指挥本组的成员,队员只能在组内进行交流。
(6)最终要完成所有队员位置的互换。(见图8-9)

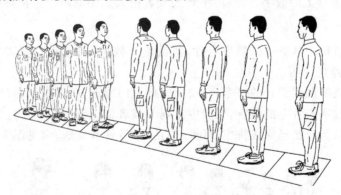

图 8-9 战壕换防

(五)基本要求

注意观察所有队员在活动过程中的行为并及时纠正。常出现的错误行为如下。

(1)两组队员都急着往前走,没有为对方考虑。
(2)没有形成固定的指挥员。
(3)指挥员过于武断,不听取别人的建议。
(4)几次尝试都不成功后,开始相互指责,或变得过于谨慎,不敢往前走。

(六)点评要点

(1) 沟通的重要性。

(2) 竞争与合作。

(3) 如何建立双赢的格局。

十、破译密码

破译密码是一种让受训者在环境条件不明确的情况下,通过沟通克服困难,完成任务的训练活动。目的是使受训者体会有效沟通的作用,学会以良好的心态适应新的环境。

(一)分组

以班为单位进行训练。

(二)器材准备

数字卡片1套,眼罩若干。

(三)情境介绍

我方反恐小组接到上级的命令,深夜前往敌特分子的住所,完成抓捕任务。在搜查过程中,为了不惊动敌特分子,我方反恐队员必须在有限的时间内准确、有效地进行交流,相互交换自己所掌握的信息。本训练要求受训者模拟当时的情境,在不借助语言和眼睛的情况下,在40分钟内进行有效的沟通、交流。

(四)布置任务

队员根据数字卡片上的数字,按照由小到大或者由大到小的顺序进行排列。

(五)操作方法

(1) 组织者发给每个队员一张数字卡片,队员确认数字后收好卡片,这个数字只有本人知道,然后戴上眼罩,停止说话。

(2) 全体队员在听到组织者的口令后,按顺时针方向旋转,听到"停"的口令后,停止旋转。

(3) 队员根据数字卡片上的数字,按照由小到大或者由大到小的顺序进行排列。

(4) 队员如果认为自己已完成排序,可举起右手示意任务完成。(见图8-10)

图 8-10 破译密码

（六）基本要求

(1) 任务开始后，队员不能用语言进行交流，如果有队员通过语言进行交流，任务就要重新开始。

(2) 在活动过程中，队员不能将眼罩摘下，否者，任务就要重新开始。

（七）点评要点

(1) 表达能力的培养。

(2) 沟通方式。

第九章 执勤常识

第一节 职责、纪律与要求

一、哨兵的职责

(1) 了解执勤目标的有关情况和周边的敌社情,熟悉哨位的任务、执勤设施、警戒区域的地形以及友邻哨位。

(2) 熟悉执勤方案和有关的制度规定,牢记并正确使用口令以及联络信号。

(3) 熟悉有关证件以及使用规定。

(4) 按照规定着装,携带警械、武器以及执勤用品。

(5) 按时上哨,严密监视警戒区域内的情况。

(6) 正确处理并及时报告突发情况。

(7) 正确使用警械、武器。

(8) 完成哨位登记,正确使用并维护管理哨位上的执勤设施和执勤用品。

二、哨位纪律和执勤纪律

1. 哨位纪律

(1) 不准擅离职守。

(2) 不准刁难群众。

(3) 不准私闯民宅。

(4) 不准收受贿赂。

(5) 不准在哨位上坐、卧、倚靠、打盹、吸烟、闲谈、唱歌、吹口哨、吃东西、看书、听收(录)音机和乱写乱画。

(6) 不准损坏执勤设施和执勤用品。

(7) 不准玩弄警械和武器,警械和武器不得离身。

(8) 不准擅自动用和侵占公私财物。

(9) 不准泄露执勤秘密。

(10) 不准擅自处理涉外问题。

2. 执勤纪律

(1) 坚守执勤岗位。

(2) 严禁饮酒。

(3) 在规定的执勤区域内活动。

三、对执勤人员的要求

(1) 积极参加政治学习,自觉抵制各种腐朽思想的侵蚀,保持政治上的坚定和思想上的纯洁。
(2) 自觉遵守、执行党的路线、方针、政策,国家的法律、法规,以及部队的规章制度。
(3) 牢固树立忧患意识和责任意识,时刻保持高度警惕。
(4) 积极参加军事业务训练,提高执勤能力。
(5) 服从命令,听从指挥,严守纪律,保守秘密,坚守岗位,认真履行职责。
(6) 不怕艰难困苦,不怕流血牺牲,英勇顽强,机智灵活。
(7) 军容严整,姿态端庄,动作规范,礼节周到。
(8) 尊重地方领导,热爱人民群众,维护部队的良好形象。

第二节　哨兵的基本动作

哨兵的基本动作是哨兵为了完成执勤任务必须具备的能力素质,是完成执勤任务的基础。哨兵的基本动作主要包括上哨、站哨、换哨和下哨。

一、上哨

上哨是指哨兵按照执勤任务分工,做好执勤准备,采取相应的方法,按时到达执勤岗位的过程。

(一) 上哨的准备

上哨的准备是指哨兵接到上哨通知后,根据执勤要求完成相关的准备工作。

1. 通知上哨

按照规定的换哨时间或首次上哨时间,及时通知哨兵上哨。通知上哨的方法根据具体情况确定。

执行固定勤务时,通常由上一班的领班员、勤务值班员或自卫哨哨兵提前10~15分钟发出上哨通知。

执行巡逻勤务时,通常由当班领班员(也称为巡逻组长或队长)、勤务值班员或自卫哨哨兵发出上哨通知。

执行临时勤务时,一般由指挥员直接下令,也可以通过通信员向执勤人员发出上哨通知。

2. 上哨的个人准备

执勤人员接到上哨通知后,应立即做好准备。
(1) 了解情况,熟悉任务。
(2) 排大、小便。
(3) 按规定着装。
(4) 按规定携带执勤用品。
(5) 按时到集合地点待命。

3. 上哨的集体准备

上哨的集体准备,通常在哨兵个人完成准备工作的基础上,由领班员组织实施。基本步骤如下。

（1）集合整队，清点人数。

（2）检查着装、装备和执勤用品的携带情况。

（3）明确哨位，抽查哨兵对职责和有关规定的熟悉情况，提出具体要求。

（4）如果携带武器，应按要求组织验枪、装子弹。具体方法是：第一名哨兵先监督领班员验枪、装子弹，然后领班员再监督哨兵验枪、装子弹。有交班领班员在场时，也可先由交班领班员监督接班领班员验枪、装子弹，然后接班领班员再监督哨兵验枪、装子弹。

（5）向勤务值班员报告。

4．执勤用品的携带

（1）携带武器时，按规定着装，扎外腰带，披子弹袋（内装1个弹匣），操枪姿势可根据上级的要求执行，乘车时，通常选择挂枪或背枪姿势。佩带手枪时，一般将枪系在腰带上，置于腰带扣环右侧10厘米处，子弹盒置于腰带扣环左侧10厘米处。

（2）携带警棍时，一般将警棍系在腰带上，置于腹前。

（3）携带手铐时，一般将手铐装在特制的手铐盒内，佩带在身体右后侧的腰带上。

（4）携带警绳时，一般将警绳装在特制的警绳盒内，佩带在身体左后侧的腰带上。

（5）携带便携式对讲机时，一般将对讲机系在腰带上，置于左腹前。

（6）携带望远镜时，一般按右肩左肋佩带。

（7）携带口哨时，一般挂于胸前，距下颌约25厘米，也可将其装在子弹袋或裤兜里。

（8）携带信号旗时，一般将旗面卷于旗杆上，按上左下右的方向斜插在子弹袋或腰带上。

（9）携带执勤证（牌）时，执勤证通常佩戴于左胸前，执勤牌通常挂于胸前（距下颌约30厘米）。

（10）携带水壶、雨衣时，通常将雨衣装在挎包内，挎包按左肩右肋佩带，水壶按右肩左肋佩带。

（二）上哨的实施

上哨的实施是指哨兵完成执勤准备工作后，按规定的上哨方法、时间、路线徒步或乘交通工具前往哨位执行执勤任务。上哨的方法包括领班员带领哨兵上哨、哨兵自行上哨、领班员带领哨兵上哨和哨兵自行上哨相结合三种。上哨时应做到精神饱满，姿态端庄。

1．领班员带领哨兵上哨

领班员带领哨兵上哨（也称为导线法），是指领班员组织集体准备好以后，带领哨兵上哨。这种上哨方法主要用于首次上哨、新兵上哨，哨位比较集中时，也可以采用这种上哨方法。

首次上哨，通常是指执勤区域内没有哨兵，领班员组织的第一次上哨。在组织时，领班员应做好以下工作。

（1）明确哨位。

（2）明确哨兵执勤的具体任务。

（3）明确哨位"三区一线"、友邻哨位和注意事项。

（4）对可能发生的情况以及处理方法进行设想。

（5）向勤务值班员报告。

2．哨兵自行上哨

哨兵自行上哨（也称为光线法），是指哨兵准备好以后，按照指挥员或领班员的命令到达指定的哨位上哨。哨兵熟悉执勤情况或哨位分散时,通常采用这种上哨方法。

3. 领班员带领哨兵上哨和哨兵自行上哨相结合

领班员带领哨兵上哨和哨兵自行上哨相结合(也称为光导结合法),是指在领班员或勤务值班员的指挥下,一部分哨兵自行上哨,另一部分哨兵由领班员带领上哨。执行临时勤务时,通常采用这种上哨方法

二、站哨

站哨,是哨兵履行职责的过程。哨兵必须熟悉执勤环境,掌握执勤技能,确保执勤任务的完成。

(一)哨位的选择

哨位通常由上级指定。特殊情况下,哨兵可根据天候和哨位附近的地形等,在规定的范围内选择站哨位置。选择站哨位置的原则是:便于观察控制,便于处置情况,便于隐蔽,便于与友邻哨位联络。

执行固定勤务的哨兵,应在上级指定的哨位执勤,不得擅自离开哨位。当发生可疑情况需要游动观察时,应在观察后迅速返回站哨位置。

执行临时勤务的哨兵在选择站哨位置时,通常选择便于观察监控区域,没有观察死角的地方。当观察受到限制时,可在哨位附近往返游动,变换站哨位置。夜间站哨时,不宜在哨位固定位置长时间站立,不要正对灯光站立。

通常情况下,白天应将哨位选择在地势较高、视野开阔的位置;夜间应将哨位选择在地势较低、光线较暗或避光的位置;如果遇到雷雨天气,选择哨位时应避开电线杆、大树等。

(二)观察与潜听

观察与潜听是发现情况的基本手段,也是及时判断和处置情况的前提。哨兵应熟记警戒区域的地形特征,对过往行人、车辆进行重点观察。

观察时,应按照从左至右、由近至远的顺序不间断地反复观察。夜间应对黑暗的角落和易被违法犯罪分子利用的地形进行重点观察和监视。

潜听时,应从异常的声响中(如深夜犬吠、虫鸣骤停等)及时发现可疑征候。

观察与潜听时,要注意避免错觉造成的误判,及时进行修正。

(三)验证

为了确保目标安全,哨兵必须查验进出目标的人员、车辆的证件。

验证时,既要坚持原则,按规定查验,又要区分不同的情况,灵活实施,方便群众。

查验证件有逐个查验、重点查验和免验三种方式。查验时,应根据不同的时机和对象灵活实施,做到认真仔细、快速准确、文明礼貌。

1. 逐个查验

对于进入使馆、首长住地,以及其他重要守护、守卫目标和看押、看守目标的人员、车辆,一般要逐个查验证件。

1) 查验行人证件

哨兵携手枪执勤时,当来人距哨兵5～7米时,抬起左臂,掌心向前,五指并拢,指尖向上,示意来人止步,并要求其出示证件。来人止步后,哨兵将左臂放下。待来人按要求出示证件后,哨

兵左脚上步侧身站立的同时右手护枪,伸出左手接过证件(左臂微屈,五指并拢,手心向上),置于胸前一侧,对证件进行仔细的查验。若证件无误,立即把证件还给来人,示意放行,然后恢复站哨姿势。

当哨兵肩枪或持枪验证时,肩枪、持枪动作不变,其余动作同携手枪执勤。

查验证件时,重点查验证件的封面与样式是否正确,证件上的照片与来人的相貌是否相符,证件上的钢印与签发证件的单位是否一致,证件的有效期是否正确。一旦发现问题,要提高警惕,及时报告。查验证件时,还要用余光观察来人的神态、举止。

对携物外出者,应仔细查验其携物证,重点查验物、证是否相符。

夜间验证时,应适当增大距离,同时身后要留有反应的空间,以防违法犯罪分子趁机行凶、抢夺武器或闯入目标。

2)查验车辆证件

当来车距哨兵15~20米时,哨兵应面向来车,左(右)臂向前上方伸出,掌心向前,五指并拢,指尖向上,右(左)手在腹前,手掌向内,左右摆动,示意其靠边,在停车线以外停车。来车停下来后,哨兵应先观察周围的情况,确认无异常现象后再靠近来车,查验车辆证件。查验车辆证件的动作要领同查验行人证件。验证的同时要注意观察周围的情况,防止有人乘机混入目标。若车辆证件符合规定,哨兵应将左(右)臂指向车辆前方,五指并拢,示意该车通行。待车通过后,将手臂放下,返回到原来的站哨位置,恢复站哨姿势。

2. 重点查验

在上、下班高峰时间,人员、车辆出入集中,哨兵通常站在大门一侧较高的位置上,一边示意上、下班人员出示证件,一边仔细观察人员、车辆的动态,看是否有异常现象。对熟悉的持证人员和车辆,可不进行查验。对陌生人和不出示证件者,应将其交给领班员处置,或者待高峰过后再仔细地进行查验。

3. 免验

对本目标的主要负责人和上级事先通知的免验对象,通常根据其相貌、车牌号和特殊免验标志,免验放行。

对免验车辆示意放行:当车辆行驶至距哨兵15~20米时,哨兵左(右)臂平伸,五指并拢,掌心向下,小臂向右(左)旋转180度,位于胸前略成水平,掌心向下,示意车辆通行。待车通过后,将手臂放下,恢复站哨姿势。

(四)打(接)电话

听到电话铃声或准备打电话时,先观察周围的情况,确认无异常情况后再进岗楼。打(接)电话时,岗楼门要敞开,要随时观察周围的情况,遇到情况,要及时处置。打(接)电话时,口齿要清楚,表述要准确。接受上级的指示或通知时,要注意听清记准,必要时主动复述,以免出错。

(五)使用口令

为了识别内、外部人员,避免发生误会,防止敌人袭击,确保安全,哨兵在夜间站哨时,应按照规定使用口令。

口令分为普通口令(两个字)和特别口令(四个字)。

使用口令时,当来人距哨兵5~7米时,哨兵先让其站住,然后问:"口令?"如果使用普通口令,被问者回答口令的第一个字,然后反问:"回令?"哨兵回答后一个字。如果使用特别口令,被问者回答前两个字,然后反问:"回令?"哨兵回答后两个字。

哨兵如果发现与规定的口令不相符,应提高警惕,并做好应对突发情况的准备,确保自身和目标绝对安全。

(六)向查勤人员报告

当直接领导或首长、机关人员查勤时,哨兵应主动敬礼并报告。夜间遇到查勤时,应在问答完口令后再报告。

中队(连)以下领导或领班员查勤时,报告内容一般包括对方的称谓、执勤情况、发生的问题及处理结果、报告人的姓名等。

当查勤人员询问情况时,哨兵应有问必答,同时用余光观察周围的情况。

三、换哨

换哨,是指接班哨兵、领班员接替交班哨兵、领班员执勤的过程。

(一)换哨的方法

接班哨兵行进至距交班哨兵5～7米时,向交班哨兵敬礼(持枪时行注目礼),待交班哨兵还礼后,行进至适当位置进行交接。领班员的交接班一般在全部哨兵交接班完毕后进行。

交接班的形式,应根据执勤目标的性质、哨位设施、地形、天候等确定。

(1)同向交接。交班哨兵和接班哨兵面向同一方向并肩站立实施交接。这种方法通常用于敌情顾虑不大的一般哨位的哨兵的交接班。

(2)相向交接。交班哨兵和接班哨兵相距1～2米,面对面站立实施交接。

(3)反向交接。特殊情况下,或因为地形条件的限制,可以面向相反的方向并肩站立,或者背靠背站立实施交接。这种方法通常用于情况复杂、敌情顾虑较大的游动哨、围墙哨的哨兵的交接班,以及夜间各类哨兵的交接班。

(4)侧向交接。交班哨兵和接班哨兵在1米距离上面向内侧成90度角站立实施交接。这种方法通常用于白天各类哨兵的交接班。领班员的交接班通常也采用这种方法。

交接班时,哨兵还可根据哨位周围的实际情况,灵活选择站立方向进行交接班。例如,不同方向的敌情顾虑较大时,哨兵可分别面向不同的敌情顾虑较大的方向,边观察边交接班。

交接班完毕后,接班哨兵开始履行执勤职责,交班哨兵下哨。

(二)换哨的内容

哨兵换哨的主要内容包括以下几个方面。

(1)本哨位的任务,以及活动区、控制区、监视区的范围和警戒线的位置。

(2)证件、口令、联络信号及使用方法。

(3)哨位设施及执勤用品的数量和完好情况。

(4)当班哨发生、发现的问题及处理结果。

(5)上级指示及待办事项。

领班员交接班的主要内容包括以下几个方面。

(1)当班哨的执勤情况。

(2)执勤设施的完好情况。

(3)口令、证件、联络信号及使用方法。

(4) 上级指示及待办事项。

(三) 换哨的要求

(1) 口齿要清楚,声音要小,以让对方听清为限。

(2) 交接班要清楚,接班哨兵对没有听清或没有弄懂的问题,要向交班哨兵问清楚。交班哨兵认为有必要时,可要求接班哨兵对交接班的重要内容进行复述。

(3) 警惕性要高,交接班过程中要密切监视周围的情况,若发现问题,应立即停止交接班,以交班哨兵为主进行处理。

四、下哨

下哨是哨兵完成任务后返回营区的动作。下哨时,哨兵必须按规定路线和时间返回营区,做到姿态端庄,精神饱满,保管好执勤装备和器材,遵守群众纪律,确保途中安全。

(一) 下哨的实施

哨兵下哨主要有哨兵自行下哨、领班员带领哨兵下哨和哨兵自行下哨与领班员带领哨兵下哨相结合三种方式。

1. 哨兵自行下哨

哨兵完成交接班后,下哨哨兵按照与上哨相反的路线返回营区,及时汇报执勤情况,上交执勤用品,并按规定参加中队(连)正常工作。

2. 领班员带领哨兵下哨

下哨哨兵在领班员的带领下,按照与上哨相反的路线返回营区。领班员带领哨兵下哨时,要做好以下工作。

(1) 领班员集合整队,组织和监督下哨哨兵验枪。装(压)子弹的哨兵,要先退出子弹进行清点,然后再验枪。下哨哨兵不携带执勤用枪时,不组织验枪。

(2) 领班员收回执勤用品,了解执勤情况并讲评。

(3) 领班员登记执勤情况,并向勤务值班员报告。

(4) 领班员组织下哨哨兵检查和擦拭武器,然后将武器、弹药存放于枪柜或兵器室。

(5) 领班员组织下哨哨兵参加中队(连)正常工作。

3. 哨兵自行下哨与领班员带领哨兵下哨相结合

自行下哨的哨兵按规定路线返回营区,到指定地点集合,领班员带领哨兵下哨返回营区后,由领班员统一组织(同领班员带领哨兵下哨时的动作)。

(二) 下哨后的工作

1. 总结执勤经验,及时汇报

哨兵完成执勤任务后,应结合执勤中的感受、执勤设施的使用、隐患的排查等情况进行总结,逐级向班长、排长汇报。对执勤中一些好的做法,应及时进行交流,不断提高执勤能力;对存在的问题,应及时进行纠正。

2. 加强执勤学习、训练,不断提高执勤技能

哨兵应针对担负的任务,不断加强业务学习,打牢理论基础。除此之外,哨兵还要根据执勤哨位可能发生的情况,加强技能、体能、智能训练,提高及时发现、准确判断、果断处置情况的能力,确保执勤任务圆满完成。

第三节　夜　间　执　勤

了解夜间执勤的特点,掌握夜间执勤的方法,是对哨兵的基本要求。

一、夜间执勤的特点

哨兵目标暴露明显,观察范围有限,通信联络不便,组织协同困难,情况处置复杂。

二、夜间执勤的方法

(1) 执行固定勤务时,领班员要定时对警戒区域实施巡逻,以便发现情况及时处置。

(2) 执行临时勤务时,对宿营地和临时看押、看守、守护、守卫的目标,通常距目标100～150米实施警戒。

(3) 对便于人员进出和不便于观察的地段,应重点巡逻。

(4) 联络时,除无线通信外,一般使用简易通信,如拍打枪托、模仿动物的叫声、使用光亮等。联络时,必须进行遮光,以防暴露目标。

(5) 在处置情况方面,应做到及早发现,就近处置,协同行动,确保目标安全。

三、夜间执勤的要求

(1) 执行固定勤务的哨兵,应熟悉目标区域内的地形、警戒设施和有关信号。

(2) 执勤过程中,应尽量利用警戒设施进行隐蔽。

(3) 观察时,应采取抵近观察的方法,发现情况,及时进行处置。

(4) 领班员带领哨兵上哨时,应先对警戒区域周围的地形进行观察,熟悉上哨的路线,行进时要尽量避开灯光。

(5) 交接班时,应严格按规定的口令进行交接,并做到交接情况清,交接内容全,交接动作轻,交接声音小,防止暴露目标。

第十章 体能训练

体能是指人的身体在运动中所显示出来的力量、速度、耐力等素质。体能训练的目的是增强军人的体质,为有效提高军事技能打下良好的基础。

第一节 体能训练常识

体能训练是以身体练习为基本手段,针对军人身体素质的各要素进行的训练,是军事体育训练的重要组成部分。

一、体能训练的作用

军人的体能是部队战斗力形成和发展的重要基础。在新的历史条件下,部队需要完成多种任务,军人只有认清体能训练的重要性,加强体能训练,才能拥有强健的身体,才能打胜仗。

体能训练不仅可以缩短部队战斗力的形成过程,提高军人的能力素质,还可以培养军人吃苦耐劳、勇于牺牲的精神。

(一)提高军事技战术水平

现代战争早已证明,军人只有具备良好的体能,才能更好地参与复杂的战争行动,才能更好地发挥军事技战术水平。军人体能训练与军事技战术训练的联系十分密切。行军、迂回、跃进、投弹等所需的速度、力量、耐力等需要通过体能训练获得。技战术训练中的跑、跳、攀、爬等基本能力,也需要通过体能训练来提高。许多军人体能训练项目本身就是一种军事技能,可以直接提高军事技战术水平。

(二)提高大脑的工作能力

大脑是人体的指挥中心。人体一切活动的指令,都是由大脑发出的。大脑的重量虽然只占人体重量的 2%,但是它需要的氧气却要由心脏总流血量的 20% 来供应。加强体能训练,可以改善大脑的供血、供氧情况,使大脑皮质的兴奋性增强,从而使大脑对体外刺激的反应更加迅速、准确。

(三)增强身体机能

体能训练可以使人体能量消耗加快,代谢产物增多,新陈代谢旺盛,血液循环加快,从而使血液循环系统、呼吸系统、消化系统、排泄系统的功能得到改善。例如,长期坚持体能训练,可以使肺功能增强,肺活量增大,呼吸深度加深。

(四)提高人体的适应能力

军人体能训练可能在严寒、酷暑等气候条件下进行,也可能在人体处于倒立、旋转等状态下进行。不同条件下的体能训练，可以提高人体的体温调节能力和对外界环境变化的敏感度。另外，经常在各种特定的技术、战术的要求下进行体能训练，可以提高大脑皮质对各种刺激的分析能力，从而使判断更加准确，反应速度提高。所有这些都有利于提高人体对外界环境变化的适应能力。

（五）调节军人的心理

军人体能训练除了能有效地改善身体各器官的功能外，还可以调节军人的心理。例如：军人体能训练能促进军人情感的健康发展；军人体能训练能培养军人良好的意志品质。

二、体能训练前的准备活动

做好准备活动，对减少训练伤和避免训练事故有着重要作用。因此，训练前应做好充分的准备活动。准备活动的时间一般为10～15分钟，活动量以全身微出汗为宜。

准备活动一般可以采取以下方法进行。

(1) 慢跑或原地高抬腿。

(2) 徒手操（头部运动、肩部运动、扩胸运动、体侧运动、腹背运动、膝关节运动、手腕脚踝运动等）。

(3) 弓步压腿。

(4) 仆步压腿。

(5) 正踢腿。

(6) 侧踢腿。

(7) 收腹跳。

(8) 挺身跳。

三、体能训练后的整理活动

体能训练后的整理活动是体能训练的一个重要组成部分。运动时人体所产生的一系列生理变化，在运动停止后的一段时间内还维持在较高的水平，需要一个恢复到常态的过程。另外，运动过程中在肌肉中产生的一些代谢产物也需要排除。在训练后做一些整理活动，可以使肌肉得到放松，同时可以排除乳酸等代谢产物，有利于较快地消除疲劳。另外，整理活动可以使神经系统由高度紧张的状态较快地恢复到原来相对放松的状态，对心跳、血压的恢复也有着较好的作用。

（一）抖动放松法

抖动放松法主要用于肌肉较多的部位和四肢关节，可以起到放松肌肉和关节，消除疲劳的作用。抖动放松可以采取自我放松、两人互助放松等形式进行。（见图 10-1）

（二）按摩放松法

按摩放松法主要用于肩、背、腰、大腿、小腿等部位，可以消除疲劳，同时对神经系统也有一定的镇静作用。常用方法有推摩法、揉捏法、搓法、按压法等。（见图 10-2）

图 10-1　抖动放松法

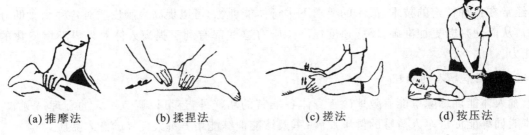

(a) 推摩法　　　　(b) 揉捏法　　　　(c) 搓法　　　　(d) 按压法

图 10-2　按摩放松法

图 10-3　牵拉放松法

（三）牵拉放松法

牵拉放松法主要用于臂、背、腰、腿、踝等部位的肌肉和韧带的拉长、伸展，不仅可以使肌肉得到放松，还可以促进血液循环。放松时，从静止开始，缓慢地将所要放松的部位的肌肉、韧带拉长，达到一定程度后静止不动，并保持这种状态一段时间。（见图 10-3）

为了增强放松效果，条件允许时，可以在放松结束后进行沐浴或用热水泡脚，必要时，还可以进行热敷、理疗等，以便更好地消除疲劳。整理活动的具体内容可根据体能训练的内容有针对性地确定。

四、体能训练中的常见现象及预防

（一）肌肉酸痛

平时很少运动或长时间未参加体能训练的人，突然参加体能训练，往往会引起肌肉酸痛。这是一种正常的生理现象，是对运动不太适应的一种生理反应。一般经过几天的调整，肌肉酸痛现象就会逐渐消除。若酸痛得厉害，可采用局部热敷、按摩等方法促进血液循环，以利于肌肉中代谢产物的排除。

（二）"极点"和"第二次呼吸"

进行剧烈的体能训练时，往往在开始不久后会出现呼吸急促、下肢沉重、动作失调等现象，这种现象称为"极点"。如果坚持训练，上述现象就会逐渐消失，这种现象称为"第二次呼吸"。"极点"和"第二次呼吸"在中长跑运动中表现得较为明显。平时很少运动的人，"极点"出现早，持续时间长，反应强烈。经常参加锻炼的人，"极点"出现晚，持续时间短，反应较轻。在训练前做好充分的准备活动，出现"极点"时坚持下去，有助于消除"极点"现象或缩短它的持续时间，促进"第二次呼吸"提前到来。

（三）运动性腹痛

进行中长跑、急行军、奔袭等训练时，有时会发生腹痛。训练中引起腹痛的原因有以下几种：一是训练前准备活动不充分，使得腹部的某些器官功能紊乱，产生局部疼痛；二是长时间进行剧烈运动,心脏功能降低,血液循环受阻,引起肝部疼痛;三是大量出汗使体内盐分丧失过多,引起肠胃痉挛;四是饭后立即进行剧烈运动,引起腹部器官疼痛。

为了预防运动性腹痛,应在训练前做好充分的准备活动,科学安排训练时间和强度,注重劳逸结合,及时、合理地补充营养。

（四）肌肉痉挛

肌肉痉挛是由局部肌肉不自主地收缩引起的局部疼痛和活动障碍现象。引起肌肉痉挛的原因主要包括以下几种:寒冷的刺激、准备活动不充分、长时间剧烈运动。

为了预防肌肉痉挛,应在剧烈运动前做好充分的准备活动,并注意运动负荷与恢复过程的统一。

（五）重力性休克

重力性休克是一种因为血管调节发生障碍所引起的暂时性晕厥。这种晕厥是血液因为重力作用不能回流到心脏所造成的,故称为重力性休克。

为了避免重力性休克的发生,剧烈运动后应继续缓慢活动,以利于血液回流。一旦出现重力性休克,对于症状较轻的患者,可由他人扶着慢慢走动;对于不省人事者,可掐住其人中,边抢救边联系医生进行处理。

（六）中暑

在炎热的夏天长时间进行体能训练,可能会发生中暑。中暑时,患者会感到头昏、口渴、恶心,有时还会流鼻血,呼吸急促,严重者昏迷不醒,血压下降,瞳孔放大,甚至死亡。

为了预防中暑,在夏季训练时间不宜过长,在室内活动时应注意通风。运动量大的训练项目应安排在上午或晚上进行。

（七）冻伤

冻伤是寒冷引起的局部组织损伤,常发生在手、脚、耳廓、鼻尖等处。主要症状是皮肤肿胀发痒,严重时还会出现水泡,甚至溃烂。

为了预防冻伤,在冬天进行体能训练时应做到以下几点:坚持冬季室外训练,提高抗寒能力;着装要温暖、舒适,必要时戴好手套、运动帽等,运动一段时间后再取下。局部冻伤时,可涂抹冻伤膏。如果有水泡,可用针(已消毒)将其刺破,然后进行包扎。严重冻伤者,应及时送医院治疗。

第二节　体能训练项目

体能训练包括力量、速度、耐力、柔韧性等方面的训练。

一、单杠引体向上

目的:发展上肢屈肌和肩背肌的力量,提高克服自身体重的能力。

动作过程:预备姿势—跳起悬垂—引体向上—跳下。

口令:×××(第×名),上器械;入列。

动作要领如下。

(1) 准备姿势：两手正握杠，两手的间距比肩稍宽，成直臂悬垂姿势。

(2) 动作练习：做引体动作时，屈臂引体至下颌超过杠面；做悬垂动作时，两臂自然伸直，还原成准备姿势。重复练习数次，然后顺势跳下。（见图10-4）

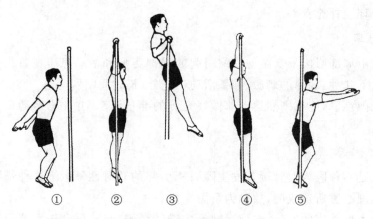

图10-4 单杠引体向上

二、单杠卷身上

目的：发展上肢屈肌和腹部肌肉的力量，提高身体的协调能力。

动作过程：预备姿势—跳起悬垂—卷身上—前跳下。

口令：×××（第×名），上器械；入列。

动作要领如下。

(1) 准备姿势：两手正握杠，两手的间距比肩稍宽，成直臂悬垂姿势。

(2) 动作练习：卷身上时，屈臂向上引体，同时含胸、收腹、屈髋、上举大腿、上体后倒，在屈臂引体时，腿向后上方伸出过杠，腹部贴杠，身体绕单杠转动成杠上直臂正撑姿势；下落时，上体后倒，两臂用力缓慢下放伸直，还原成准备姿势。重复练习数次，前跳下时，上体后倒，微收腹屈臂，两腿向前下方自然送出，顺势伸直手臂跳下。（见图10-5）

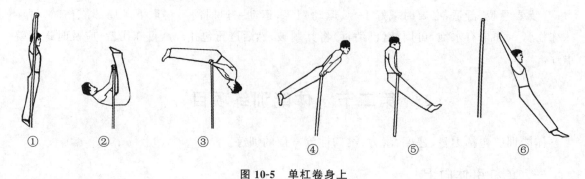

图10-5 单杠卷身上

三、单杠屈臂悬垂

目的：发展上肢屈肌和肩背肌的力量，提高克服自身体重的能力。

动作过程：预备姿势—跳起悬垂—前跳下。

口令:×××(第×名),上器械;入列。

动作要领如下。

(1)准备姿势:面对单杠站立,两手反握杠,两手的间距与肩同宽或稍比肩宽。

(2)动作练习:两脚适当用力蹬地跳起,同时做引体动作,下颌超过杠面后,保持下颌超过杠面的屈臂悬垂姿势,双肘紧贴两肋,收紧腰腹,两腿并拢伸直,停止数秒,然后顺势前跳下。(见图10-6)

四、双杠臂屈伸

目的:发展上肢肌肉的力量,提高克服自身体重的能力。

图 10-6 单杠屈臂悬垂

动作过程:预备姿势—跳起成正撑—臂屈伸—跳下。

口令:×××(第×名),上器械;入列。

动作要领如下。

(1)准备姿势:面对杠端站立,双杠的宽度约比肩宽大10厘米,两手握杠端,跳起成杠上直臂正撑姿势。

(2)动作练习:做屈臂动作时,两个肘关节同时弯曲,稍外展,直至肩关节低于肘关节;做伸臂动作时,保持身体挺直,两个肘关节同时伸直,撑起身体。重复练习数次,然后顺势跳下。(见图10-7)

① ② ③ ④ ⑤ ⑥

图 10-7 双杠臂屈伸

五、双杠支撑前移

目的:发展上肢和肩部肌肉的力量,提高身体的协调能力。

动作过程:预备姿势—跳起成正撑—向前移动—前跳下。

口令:×××(第×名),上器械;入列。

动作要领如下。

(1) 准备姿势：面对杠端站立，双手握杠端，跳起成杠上直臂正撑姿势，双脚并拢。

(2) 动作练习：当身体重心倒向右侧时，左手及时向前移动；当身体重心倒向左侧时，右手及时向前移动。练习时，腰腹部肌肉应保持适当的紧张度，两腿伸直并拢，移至杠的另一端后顺势前跳下。（见图10-8）

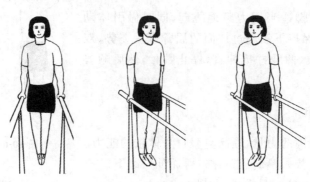

图10-8 双杠支撑前移

六、垫上运动

目的：提高身体的协调能力与自我保护能力。

口令：准备；开始；停。

（一）前滚翻

从蹲立姿势开始，两手撑地，重心前移至两手上，提臀，低头，屈臂，同时两脚用力蹬地，肩、背、腰、臀依次着地向前滚动，随即起肩跟上体，成蹲立姿势。（见图10-9）

图10-9 前滚翻

动作要点：提臀，同时低头、屈臂。两脚蹬地后，肩、背、腰、臀依次着地向前滚动。起肩跟上体时，迅速抱腿起立。

（二）后滚翻

从蹲撑姿势开始，含胸，低头，快速后倒，团身，臀、腰、背、颈、后脑勺依次着地向后滚动，当滚动至后脑勺着地时，臀部上翻，两手同时用力推地成蹲撑姿势。（见图10-10）

动作要点：当滚动至背部着地时，积极翻臀。颈部着地时，尽量低头、夹肘。

（三）鱼跃前滚翻

从半蹲臂后举姿势开始，重心前移，两脚用力蹬地，同时两臂向前摆伸，两手撑地，顺势屈

图 10-10 后滚翻

臂、低头,向前滚动,随即团身、屈膝、抱腿,成蹲立姿势。(见图 10-11)

图 10-11 鱼跃前滚翻

动作要点:跳起后,两眼看前下方,身体保持含胸稍屈髋姿势。屈臂缓冲,肩、背、腰、臀依次着地向前滚动。屈膝,抱腿,跟上体,起立。

七、屈腿腾越横木马

目的:发展上肢肌肉的力量和下肢肌肉的爆发力,提高身体的协调与平衡能力。

口令:×××(第×名),前进;入列。

动作要领:助跑时用前脚掌着地,逐渐加快速度,跑至距离踏跳板约一大步时,用有力的脚蹬地,两脚同时迅速踏板(从前脚掌过渡到全脚掌),主动蹬板起跳(从脚跟过渡到脚尖离板),两臂伸直向前下方撑横木马,同时提臂,两腿屈膝靠胸,手推横木马,随后腿前伸,上体振起,挥臂挺身落地。(见图 10-12)

图 10-12 屈腿腾越横木马

八、跳山羊

目的：发展上肢肌肉的力量和下肢肌肉的爆发力，提高身体的协调与平衡能力。

口令：×××（第×名），前进；入列。

动作要领：起跳后两臂迅速前伸撑山羊，同时含胸、提臀，推离的瞬间，两腿侧分并快速下压，进行制动，两臂顺势上举，同时迅速并腿前伸落地。（见图10-13）

九、俯卧撑

目的：发展上臂、肩部、胸部肌肉的力量。

口令：俯卧撑准备；开始；停。

动作要领如下。

（1）准备姿势：双手手掌着地，手指向前，两手的间距比肩稍宽，两臂伸直，两脚并拢，脚趾着地，身体挺直。

（2）动作练习：做身体下降动作时，保持身体挺直，两个肘关节同时弯曲并外展，使肩部略低于肘关节；做身体撑起动作时，保持身体挺直，两个肘关节同时伸直，撑起身体。重复练习。（见图10-14）

图10-13 跳山羊

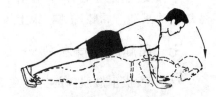

图10-14 俯卧撑

十、仰卧起坐

目的：发展腹部、背部肌肉的力量。

口令：仰卧起坐准备；开始；停。

动作要领如下。

（1）准备姿势：两腿并拢，膝关节弯曲约90度坐于垫子上，双脚踝关节固定，双手抱住后脑勺，下颌微收。

（2）动作练习：做上体后仰动作时，双肩、背部触及垫子；做上体前屈动作时，下颌收紧，两肘触及大腿。重复练习。（见图10-15）

十一、立定跳远

目的：发展腿部肌肉的爆发力。

口令：立定跳远准备；开始。

动作要领如下。

(1) 准备姿势：两腿稍分开，膝微屈，身体前倾，然后两臂前后自然摆动，两腿随着屈伸。

(2) 动作练习：当两臂从后向前上方做有力摆动时，两脚用前脚掌迅速蹬地，膝关节充分蹬直，同时展髋向前上方跳起，身体尽量前送，过最高点后屈膝、收腹、小腿前伸，两臂从上向下向后摆动，落地时脚跟先着地，落地后屈膝缓冲，上体前倾。（见图10-16）

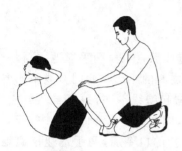

图 10-15　仰卧起坐

图 10-16　立定跳远

十二、双腿深蹲起立

目的：发展腿部肌肉的力量。

口令：双腿深蹲起立准备；开始；停。

动作要领如下。

(1) 准备姿势：双脚平行开立与肩同宽，目视前方，两臂自然下垂于体侧。

(2) 动作练习：做下蹲动作时，上体保持正直，大、小腿的夹角等于或小于90度，同时双臂向前平举；做起立动作时，膝关节应充分伸直，两臂自然放下，还原成准备姿势。重复练习。（见图10-17）

十三、立位体前屈

目的：提高身体的柔韧性。

口令：立位体前屈准备；开始。

动作要领如下。

(1) 准备姿势：两腿并拢伸直，双脚脚尖并拢。

(2) 动作练习：上体缓缓前屈，双膝充分伸直，用双手全掌（或双拳拳面、双手手指）触地保持3秒。（见图10-18）

图 10-17　双腿深蹲起立

图 10-18　立位体前屈

十四、60 米跑

目的：发展速度素质，提高快速移动的能力。

60 米跑可分为起跑、起跑后的加速跑、途中跑和终点（冲刺）跑四个阶段。

口令：各就各位，预备，跑。

（一）起跑

采用蹲踞式起跑，发令员发出"各就各位"的口令后，走到起跑线后，俯身，两手撑地，两脚一前一后，后腿膝关节跪地。两手在起跑线后撑地，两臂伸直，两手之间的距离与肩同宽或稍比肩宽，四指并拢与拇指成有弹性的"人"形，身体重心稍前移，肩约与起跑线平齐，颈部自然放松。听到"预备"的口令后，逐渐抬起臀部，臀部高于肩部 10～20 厘米，同时身体重心向前上方移动，肩部稍超出起跑线，此时，重心主要落在前腿和两臂上。听到"跑"的口令后，两手迅速推离地面，用力地前后摆动，同时两腿用力蹬地，后腿蹬地后，迅速屈膝向前上方摆出，摆出时脚不应离地面过高，这样有利于摆动腿迅速着地并过渡到下一步，前腿用力地蹬伸，后蹬角为 42～45 度。（见图 10-19）

图 10-19　蹲踞式起跑

（二）起跑后的加速跑

脚蹬离地面后，身体前倾幅度较大，为了避免向前摔倒，要积极加快腿的蹬地动作和臂的摆动动作，以保持身体平衡。第一步脚着地时应尽量靠近身体重心投影点，脚着地后迅速转入后蹬，身体逐渐抬起。加速跑最初几步支撑腿的着地点都在身体重心投影点的后面，这样可以使后蹬的大部分力量用于提高水平速度。随着速度加快，支撑腿着地点的位置逐渐前移，直至在身体重心投影点的前面着地。加速跑过程中，最初几步两脚的着地点并不在一条直线上，随着速度加快，两脚的着地点逐渐变得在一条直线上。（见图 10-20）

图 10-20　起跑后的加速跑

(三)途中跑

途中跑是短跑全程中距离最长、速度最快的一个阶段。一个单步由后蹬和前摆、腾空、着地和缓冲几个阶段组成。(见图10-21)

图 10-21　途中跑

1. 后蹬和前摆

后蹬是推动人体向前的重要动作。当身体重心移过支撑垂直面时,支撑腿开始积极有力地后蹬。后蹬的用力从伸展髋关节开始,依次蹬伸膝关节、踝关节,直至脚掌蹬离地面。随着支撑腿的蹬地,摆动腿迅速有力地向前上方摆出,并带动同侧髋前移,大腿前摆与水平面成15～20度。后蹬与前摆结束时,支撑腿的支点到髋关节的连线与地面的夹角为55～60度。

2. 腾空

支撑腿结束支撑蹬离地面后,即进入无支撑的腾空阶段。腾空阶段是从足尖离地后开始的,支撑腿的大腿由于蹬地后的惯性,膝关节折叠弯曲。同时,还伴随着另一条腿抬大腿的动作,形成边折叠边前摆姿势。当支撑腿离地折叠前摆时,摆动腿已摆至接近最高位置,当摆动腿摆至最高位置后,大腿积极下压,小腿顺势前摆。

3. 着地和缓冲

腾空结束时,摆动腿积极伸展下压,用前脚掌有弹性地着地。摆动腿积极着地有利于缩短支撑时间,并能减小着地时的阻力,有利于身体重心迅速前移进入后蹬阶段。

(四)终点(冲刺)跑

距离终点线15～20米时,应尽力加快双臂摆动的速度。距离终点线2～3米时,上体快速前倾,用上体触碰终点线,跑过终点线后,逐渐减速。(见图10-22)

十五、3000米跑

目的:发展耐力素质,培养吃苦耐劳、坚忍不拔的意志品质。

口令:各就各位,预备,跑。

图 10-22　终点（冲刺）跑

（一）起跑和起跑后的加速跑

图 10-23　站立式起跑

采用站立式起跑，听到"各就各位"的口令后，从集合线走到起跑线后，两腿前后站立，两臂一前一后，两腿弯曲，上体前倾，颈部放松，两眼看前方 5～10 米处，整个身体保持稳定的姿势，注意听枪声或起跑的口令。（见图 10-23）

听到枪声或起跑的口令后，两腿用力蹬地，后腿蹬地后迅速向前上方摆出，两臂配合前后摆动。进入加速阶段后，两腿应迅速有力地蹬伸，同时积极摆臂，在短时间内达到预定速度后进入途中跑阶段。

（二）途中跑

途中跑是决定长跑成绩的主要阶段，主要包括后蹬与前摆、腾空、着地与缓冲、摆臂等动作。

着地与缓冲时，摆动腿大腿积极下压，小腿顺势前摆并做"扒地"动作，先用前脚掌着地，然后过渡到全脚掌。

摆臂时，上体正直或稍前倾，颈部肌肉自然放松，两眼平视前方，两臂弯曲，两肩放松，以肩关节为轴前后自然摆动，摆幅随跑速适当变化。（见图 10-24）

图 10-24　途中跑

进入弯道后逐渐加大身体的倾斜度，外侧肩高于内侧肩，外侧臂的摆幅大于内侧臂的摆幅。外侧腿前摆时，膝稍内扣，脚掌内侧先着地；内侧腿前摆时，先用脚掌外侧着地。（见图 10-25）

（三）终点跑

终点跑的距离根据训练水平、个人情况确定。一般情况下，3000 米跑应在离终点约 400 米处适当提速，在离终点 200 米左右时全力冲刺。

图 10-25　弯道跑

（四）呼吸

呼吸的节奏取决于个人特点和跑的速度，一般是跑两步或三步呼一口气，跑两步或三步吸一口气。随着跑速加快，呼吸频率也相应加快。在终点跑阶段，有些受训者会采用一步一呼、一步一吸的方法。呼吸应自然并有一定的深度，随着疲劳出现，应加深呼吸，用口与鼻同时呼吸，以便最大限度地满足机体对氧气的需求。

受训者在跑步过程中会出现不同程度的呼吸困难、动作无力等现象，甚至有难以坚持下去的感觉，这种生理现象叫"极点"。它与准备活动、训练水平和运动强度有关。当"极点"出现时，可以减慢跑速，有意识地加深呼吸，以顽强的意志坚持下去。

十六、T形跑

目的：提高快速反应和快速移动的能力。

口令：T形跑预备，跑。

动作要领如下。

（1）准备姿势：两脚站立在起终点线后，听到"T形跑预备"的口令后，做好站立式起跑动作。

（2）动作练习：听到"跑"的口令后，由 A 点正面跑向 B 点，用手触摸 B 点圆锥筒；由 B 点向左侧滑步至 C 点，用手触摸 C 点圆锥筒；由 C 点向右侧滑步至 D 点，用手触摸 D 点圆锥筒；由 D 点向左侧滑步至 B 点，用手触摸 B 点圆锥筒；最后由 B 点倒退跑返回 A 点。（见图10-26）

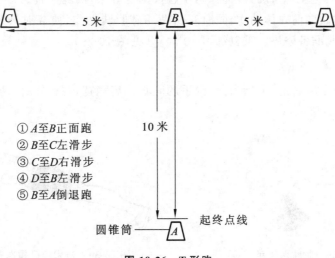

图 10-26　T 形跑

侧滑步时，应两腿开立，稍下蹲，背部挺直，手臂位于体侧，肘部成90度，掌心向前，一只脚向移动方向横跨一步，另一只脚跟进，双脚靠拢，依次滑步，始终面对同一方向。

十七、徒手组合练习

目的：全面发展力量、速度、耐力、柔韧性等素质。

口令：准备，开始。

动作要领：左右屈体转20次，屈膝两头起20次，击掌俯卧撑（女：俯卧撑）5次，背手蛙跳

（女：蛙跳）25米，仰卧手足走25米。

（一）左右屈体转

准备姿势：两脚分开与肩同宽，挺胸，收腹，两臂侧平举，掌心向前。（见图10-27）

动作练习：做上体前屈转体和一只手触摸异侧脚的动作，另一只手伸直上举，然后上体抬起还原成准备姿势。下一个动作方向相反。重复练习20次。（见图10-28）

图10-27 左右屈体转准备姿势

图10-28 左右屈体转

（二）屈膝两头起

准备姿势：仰卧于垫子上，两臂弯曲，两手触摸同侧耳朵，两腿伸直。

动作练习：上体做向前屈体动作，同时双腿做屈膝收腿动作，使双肘触及同侧双膝，然后上体后仰并伸腿还原成准备姿势。重复练习20次。（见图10-29）

（三）击掌俯卧撑

准备姿势：双手手掌着地，手指向前，两手的间距比肩稍宽，两臂伸直，两脚并拢，脚趾着地，身体挺直。（见图10-30）

图10-29 屈膝两头起

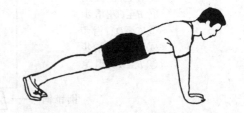
图10-30 击掌俯卧撑准备姿势

动作练习：保持身体挺直，两个肘关节同时弯曲并外展，身体下降，使肩关节与肘关节平齐。在保持身体挺直的基础上，双臂同时做快速伸肘撑起身体与顶肩的动作，两掌推离地面后迅速击掌，然后两手撑地成准备姿势。重复练习5次。（见图10-31）

（四）背手蛙跳

准备姿势：双脚站立于起点线后，屈膝半蹲，上体稍向前倾，双手放于后腰处，一手抓握另一手的腕部。

动作练习：双腿做迅速蹬伸动作，使身体向前上方跃起，然后做屈髋屈膝前脚掌着地的缓冲

落地动作,重复跳至折返线。(见图 10-32)

图 10-31 击掌俯卧撑

图 10-32 背手蛙跳

(五)仰卧手足走

准备姿势:背对行进区域,双脚开立于折返线后,两膝弯曲,双手支撑于背后地面上,身体成仰卧姿势,髋部上挺。

动作练习:双脚和双手依次做交叉向前手足走动作。(见图 10-33)

图 10-33 仰卧手足走

士官生体能考核评价标准如表 10-1 所示。

表 10-1 士官生体能考核评价标准

序 号	项 目	单 位	标 准					
			男 生			女 生		
			优秀	良好	及格	优秀	良好	及格
1	单杠引体向上/单杠屈臂悬垂		12次	9次	7次	20秒	15秒	12秒
2	3000米跑		13′00″	13′30″	14′00″	15′40″	16′10″	16′40″
3	俯卧撑	次	50	45	40	14	12	10
4	立定跳远	米	2.60	2.40	2.20	2.00	1.80	1.60
5	双腿深蹲起立	次	120	110	90	80	70	60
6	立位体前屈	秒	3(双手全掌触地)	3(双拳拳面触地)	3(双手手指触地)	3(双手全掌触地)	3(双拳拳面触地)	3(双手手指触地)

续表

序号	项目	单位	标准					
			男生			女生		
			优秀	良好	及格	优秀	良好	及格
7	T形跑	秒	10	11	13	12	14	15
8	60米跑	秒	7.5	7.7	8.0	8.5	8.8	9.0
9	双杠臂屈伸/双杠支撑前移		12次	9次	7次	3.8米	2.8米	1.8米
10	单杠卷身上/垫上运动		5次	3次	2次	优秀:前滚翻、后滚翻和鱼跃前滚翻均为及格。 良好:前滚翻和后滚翻为及格。 及格:前滚翻或后滚翻为及格。		
11	★屈腿腾越横木马/跳山羊		优秀:符合动作要领,动作娴熟连贯,整套动作流畅,落地平稳。 良好:整套动作完成较好,个别动作完成质量和连贯性稍差。 及格:能独立地完成整套动作。					
12	★徒手组合练习		1′40″	2′00″	2′20″	2′20″	2′30″	2′40″

注:① "/"后面的为女生特有的训练内容。
② 带"★"的为全训单位增加的训练内容。
③ 俯卧撑和双腿深蹲起立均以2分钟为时限。